Style or not style
You have yours, very nice
but it is also nice to see more...
Happy birthday
Joëlle

Juin 99
Bon anniversaire,
bonne lecture, déco,
style tu n'as pas besoin
de beaucoup de
conseils... Clt

PURE STYLE

DIE KUNST DES EINFACHEN

PURE STYLE

DIE KUNST DES EINFACHEN

JANE CUMBERBATCH

Fotografien von

HENRY BOURNE

DUMONT

Originaltitel: Pure Style, Accessible new ideas
for every room in your home

Die englische Originalausgabe erschien 1996
bei Ryland Peters & Small, Cavendish House.
51-55 Mortimer Street, London, WIN 7TD

Aus dem Englischen von Wolfgang Astelbauer
und Karin Unger
Redaktion und Satz der deutschen Ausgabe:
Wallstein Verlag GmbH, Göttingen

Printed in Hong Kong
ISBN 3-7701-3957-7

Inhalt

PURE STYLE: NEUE IDEEN FÜR EIN NATÜRLICHES, ZEITGEMÄSSES LEBEN.

EINLEITUNG

In *Pure Style* geht es nicht nur um Räume und deren Einrichtung und auch nicht darum, den Idealen von Hochglanzmagazinen nachzueifern. In *Pure Style* geht es um Ausgewogenheit. *Pure Style* zeigt, wie man Luxus in sein Leben bringt – ohne großen Aufwand und Glamour, auf einfache und natürliche Weise. Das Motto heißt Reduktion: Je weniger Dinge man ansammelt, desto mehr kann man sich dem eigentlichen Leben widmen. Im Mittelpunkt steht einfaches, elementares Design, das Funktion und Schönheit in sich vereint: klar, klassisch und zeitlos.

PURE STYLE

steht für ein sparsames Leben, in dem aber wesentliche Dinge wie gutes Essen und ein bequemes Bett eine große Rolle spielen. Es soll nicht jeder aktuelle Trend in der Innenausstattung sklavisch befolgt werden – Ideen und Einfallsreichtum sind gefragt. Man kann zum Beispiel in den Läden seiner Umgebung Dinge aufstöbern, die es schon immer gab und die in jeden Haushalt gehören, oder ein gebrauchtes Möbelstück mit etwas Farbe in neuem Glanz erstrahlen lassen. *Pure Style* steht für die sinnliche Freude an Strukturen wie die grober Holzkörbe, geknüpfter Einkaufsnetze, geflochtener Kränze aus Rosmarinzweigen, aber auch für die Freude am Duft frischer Blumen und in der Sonne

getrocknter Wäsche; für das Genießen von gutem Brot und herzhaften Kartoffelgerichten; für Farben – für von der Natur inspirierte helle, heitere, luftige und matte Töne, für das Weiß von Wiesenkerbelblüten, Eierschalen und Kattun, für Butter- und Strohgelb, für das Grün von Bohnen, für Meer- und Himmelblau, für Erdtöne; für Dinge aus der Natur wie Moos, Flechten, Muscheln und Kieselsteine; für das Aroma von gutem Kaffee, Schokolade und herrlichem Wein; für erschwingliche, strapazierfähige, dekorative Stoffe mit einfachen Streifen- und Karomustern; für funktionale schöne Dinge wie Zinnkrüge, Teigschüsseln und Einmachgläser. *Pure Style* steht für Räume, in denen man atmen kann. Das Buch zeigt, wie man Küchen funktional und praktisch einrichtet – mit strapazierfähigen Arbeitsflächen, geeigneten Schränken und den nötigen Küchenutensilien. Das Buch zeigt auch, wie man Mahlzeiten ansprechend gestaltet – mit schlichten Mitteln wie weißen Tellern, gestärktem Leinen und einem Blumenstrauß – und mit einfachen leckeren Zutaten wie gutem Käse, frischem Fisch, Obst und Gemüse ohne viel Hektik zubereitet. Dieses Buch zeigt auch, wie man Wohnzimmer durch eine Kombination von gemütlichen Sitzmöbeln, schönen Baumwoll-, Woll- und Musselinstoffen, Kerzenlicht und einem offenen Feuer zu einem Ort der Entspannung macht. Es beschreibt die Vorteile stabiler Betten und guter Matratzen und die sinnliche Qualität frischer Baumwollbettwäsche, kuscheliger warmer Wolldecken und Quilts. Und wer nach Vorschlägen zum Thema Bad sucht, erfährt, wie ausreichend heißes Wasser, weiche Baumwollhandtücher und wunderbar duftende Seifen die tägliche Körperpflege zu einem wahren Genuß werden lassen.

E L E M E N

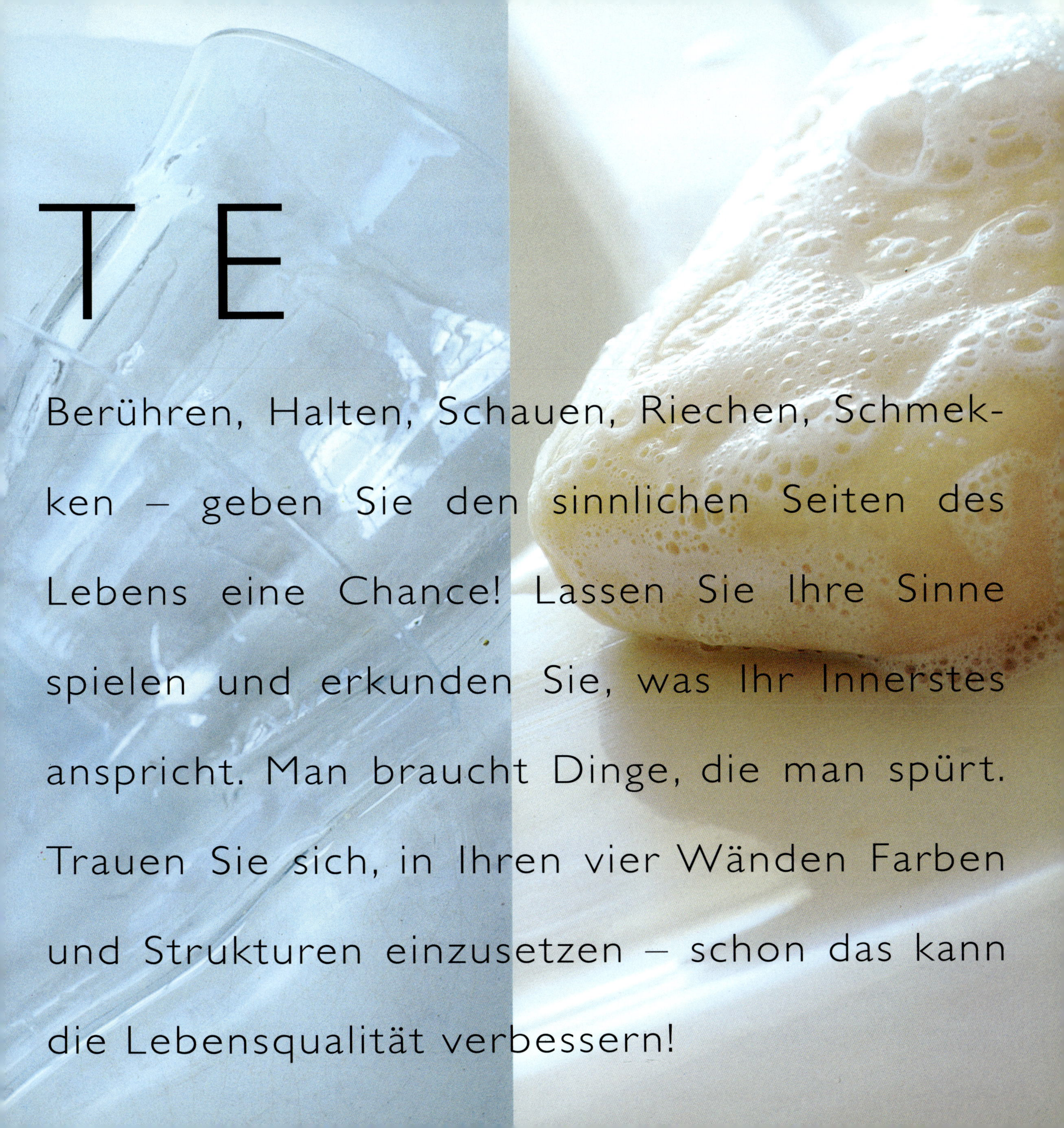

T E

Berühren, Halten, Schauen, Riechen, Schmekken – geben Sie den sinnlichen Seiten des Lebens eine Chance! Lassen Sie Ihre Sinne spielen und erkunden Sie, was Ihr Innerstes anspricht. Man braucht Dinge, die man spürt. Trauen Sie sich, in Ihren vier Wänden Farben und Strukturen einzusetzen – schon das kann die Lebensqualität verbessern!

Farbe

Farbe macht den Alltag angenehmer, lebendiger und aufregender. Führen Sie sich bei der Auswahl der Farben, die Sie in Ihrem Zuhause verwenden möchten, die Farben der Natur vor Augen. Mit neutralen, zeitlosen Farben läßt es sich leicht leben. Weiß schafft Einheit und beruhigt. Die Grünpalette reicht vom strahlendsten Limonengrün bis zu Schlammtönen. Braune Erdtöne sind vielfältig verwendbar. Meeres- und Himmelstöne, wie man sie bei Jeansstoffen, Porzellan und Bettwäsche findet, verleihen einer Einrichtung Klarheit und Frische. Lassen Sie sich von den vielfältigen Rosatönen in Blumenbeeten inspirieren: Wie wäre es mit zart fliederfarbenen Wänden und zurückhaltend geblümten Baumwollstoffen? Creme- und Gelbtöne sind optimistische Farben und kommen überall gut an. *Pure Style* schreibt keine sklavisch zu befolgenden Farbzusammenstellungen vor, sondern zeigt, wie man Räume und Einrichtungsgegenstände farblich aufeinander abstimmt. Es geht darum, die Farben der Umgebung wahrzunehmen und in den Alltag zu integrieren. Farbe gibt einem Raum Charakter; das muß nicht teuer sein. Wer sich keine völlige Neugestaltung seiner vier Wände leisten mag, kann mit neuen Kissen, Überzügen und blumigen Farbtupfern erste Akzente setzen.

Weiß

Schneeweiß, Eierschale, Elfenbein, selbst das einfache Weiß gibt es in unterschiedlichsten Tönen. Weiß schafft eine zeitlose Atmosphäre, die ein im Stil einer bestimmten historischen Epoche gehaltenes Ambiente ebenso zur Geltung bringt wie ein eher nüchternes zeitgenössisches Interieur. Weiß, die Traumfarbe aller Minimalisten, sorgt für harmonische, einheitliche Räume. Weiß tut der Seele gut und schafft Oasen der Ruhe in unserer technisierten Welt. Wollen Sie einen Raum weiß in weiß gestalten, schleifen Sie die Dielen ab und streichen Sie sie weiß; zum Versiegeln nehmen Sie Bootsfirnis. Streichen Sie auch Wände und Decken weiß. Damit der Raum nicht wie ein Eisschrank aussieht, streichen Sie das Holz in gebrochenem Weiß, in Elfenbein oder

in einer Weiß-Grau-Mischung. Lackieren Sie auch die Möbel in ähnlichen Tönen und verwenden Sie Überzüge aus Baumwolldrillich, Kattunkissen und duftige Musselinvorhänge. Mit Accessoires wie weißem Porzellan und Bettwäsche, die es in großen Kaufhäusern oft günstig gibt, runden Sie das Bild ab.

Blau

Die breite Palette der Blautöne reicht von tiefem Hyazinth bis zu blassem Eisblau. Blau wird Lavendel, wenn man es mit Violett, und Türkis, wenn man es mit Grün mischt. In der Mitte des Spektrums finden sich die reineren Töne: Kornblumenblau und helles Taubenblau. Holen Sie sich Anregungen aus der Mode; sehen Sie sich die sanften Blautöne verwaschener Jeans an: die stehen Möbeln genausogut. Eher kalt wirken blasse Töne, vor allem bei Räumen in Nordlage. Hier kommt es darauf an, eine warme Atmosphäre zu schaffen: für ein in Enteneierblau gehaltenes Zimmer eignen sich verblichene Kelims oder Blumentöpfe aus Ton. Wenn Ihnen ein reines Blau zu kräftig ist, versuchen Sie eine Mischung aus Grau, Grün und Blau – dazu passen weiße Akzente hervorragend. Ein in diesem Blau gehaltenes Speisezimmer kann man beispielsweise wunderbar mit weißen Möbeln, blau-weiß karierten Vorhängen und Schalen mit weißen Narzissen dekorieren. Kombiniert man gedämpftes Shakerblau mit rot-weiß karierten Baumwollstoffen, wirkt ein Raum

gleich wohnlicher. Schöne Accessoires sind durchscheinende blaue Gläser, mit Schottenkaro gemustertes Porzellan und blau-weiß gestreifter Drillich für lose Bezüge und Stoffbeutel. Lavendelfarben und weiß gestreifte Baumwollhussen erzeugen zusammen mit Kissen aus verwaschenem Jeansstoff eine heitere Strandhausatmosphäre.

Grün

Beim Einrichten zählt Grün zu den freundlichsten Farben. Für ein modernes Ambiente eignet sich lebhaftes Apfel- oder Limonengrün in Verbindung mit ein paar Tupfern Fuchsienrosa. Traditionelle Ausstattungen verlangen nach gedämpfteren, mit Grau gemischten Tönen wie Sackleinenfarben oder Oliv. Was die Vielfalt der Grüntöne angeht, kann man sich in der Natur Anregungen holen: von limonengrünen Hyazinthenstengeln und jungem Frühlingsgras, von Erbsenschoten und Kohlblättern. Kombinieren Sie doch einmal graugrün und weiß gestreifte Baumwollhussen mit limonengrünen Kissen!

Rosa und Lavendel

Rosa muß nicht die blasse Farbe rüschenverzierter Kleinmädchenzimmer, mit geblümtem Chintz überladener Wohnzimmer oder langweiliger Bäder sein, wie man sie in jedem Warenhauskatalog findet. Mit Wänden und Decken in grellem Pink, dem anderen Extrem, kann man kein unaufdringliches Ambiente schaffen: Die Wahl der richtigen Rosatöne und die Kombination mit anderen Farben sind der Schlüssel zu einem stilvollen Arrangement. Für zeitgenössisch eingerichtete Räume eignet sich sehr gut eine Verbindung von Fuchsienrosa, Lavendel und Grün. Ein Blick in den Garten genügt: man stelle sich purpurfarbene Blüten über grünem Blattwerk oder blühenden Fingerhut mit seinen hellgrünen Stengeln und Blättern vor. Ein raffinierter und moderner Eindruck entsteht, wenn man die Wände eines Wohnzimmers weiß streicht, die Stühle in einem blassen Lavendelton und die Kissen in reinem Fuchsienrosa und Limonengrün hält. Blumenmuster in intensivem Pink kommen bei weißen Wänden und weißen Überzügen schön zur Geltung und sorgen für eine frische, klare Atmosphäre. Vorsicht bei zarten Rosakombinationen: sie können langweilig wirken. Schlafzimmer, die nicht brav wirken sollen, streicht man in einem warmen Ton wie etwa Blaßrosa mit einem Hauch Braun; ein lavendelfarbener Patchwork-Quilt und Kattun-

Raffrollos runden das Ambiente ab. Was die leiblichen Genüsse angeht, braucht man nur an das tiefe Rosa von Erdbeereis, an Marshmallows, an Rhabarber oder Radicchioblätter zu denken. Versuchen Sie es in der Küche doch einmal mit pinkfarbenen Plastikutensilien wie Krügen, Besen und Eimern!

Erdfarben und Terrakotta

Erdtöne passen als Grundfarben zu allem – sieht man von den düsteren Kombinationen ab, die in den Siebzigern beliebt waren. Ob Schokoladen- oder Cremefarben – braune Akzente eignen sich für ländliche wie für moderne Interieurs. Man denke an die terrakottafarbenen Fassaden in der Provence und in Spanien, an das

braune Holz und die Kücheneinrichtungen englischer Cottages. Man stelle sich andererseits ein weiß gestrichenes, zweckmäßig eingerichtetes Loft mit an Schulmobiliar erinnernden Stühlen, Tischen und Regalen aus dunklem Holz vor. Betrachten Sie die Palette der Erdfarben, deren Töne von Lehmrot bis Dunkelbraun reichen, und schauen Sie, wie diese in der Natur einen Hintergrund für hellere Farben abgeben. Tontöpfe bringen die Blätter und Blüten austreibender Blumenzwiebeln hervorragend zur Geltung. Trauen Sie sich: Streichen Sie zum Beispiel das Speisezimmer in einem etruskischen Erdton, der dem Raum eine warme Atmosphäre verleiht.

Selbst das eher langweilige Beige ist noch immer sehr beliebt, und Textilhersteller mögen es, weil es so vielfältig einsetzbar ist. Lässig wirkt Beige bei Materialien wie Kokos- und Naturfasermatten für Böden, bei grobem Leinen für Vorhänge und Hussen sowie bei Büroordnern und Ablagekartons. Verwenden Sie terrakotta- und weißgemusterte Baumwollstoffe, um Bezügen und Vorhängen ein natürliches Flair zu geben.

Gelb

Cremige Gelbtöne sind vielseitig verwendbar; sie öffnen die niedrigsten und dunkelsten Räume und lassen diese größer erscheinen. Bei der Gestaltung eines Innenraumes sollte man weicheren Farben den Vorzug geben – mit grelleren Gelbtönen kommt man wesentlich schwerer zurecht. Zu blaß darf man aber auch nicht werden: reine, helle Schlüsselblumentöne können langweilig wirken. Sehr gut kombinieren lassen sich Creme und Gelb mit Weiß und sogar mit Orange. Manche Farben sehen im Farbtopf fast braun aus; nach dem Auftragen wirken sie jedoch sehr intensiv; für alte Flure und Küchen sind diese Farben bestens geeignet. Ein strahlendes Gelb hellt Räume auf, wirkt aber dennoch satt. Es macht sich vor allem bei künstlichem Licht gut und leuchtet geradezu, wenn die Sonne scheint. Im Handel sind einige besonders kräftige Gelbtöne erhältlich. Wenn Sie die Intensität vertragen, kann eine so gewagte Farbe das winzigste Zimmer luftig und fröhlich machen; ausgezeichnet zur Geltung kommen hier blau-weißes Porzellan und eine blau-

weiße Einrichtung. Creme und Gelb sind sowohl hervorragende Wand- als auch schöne Möbelfarben. Wählen Sie bei einer cremefarbenen Küche Steingutschüsseln und weißes Geschirr: das wirkt schlicht. Zu gelben Wohnzimmerwänden passen karierte oder senffarbene Baumwollstoffe, wobei man mit Accessoires in Terrakotta und Blau Kontraste setzen kann.

Struktur

Technische Geräte werden zusehends funktionaler – die Hersteller wollen uns immer mehr Arbeit ersparen. Um unsere Sinne kümmern sie sich dabei kaum. Computer-Hardware zum Beispiel oder als Massenware hergestellte synthetische Teppiche und Gewebe, die sich elektrisch aufladen, sprechen uns von der Oberflächenstruktur her kaum an. Sinnliche Stoffe wie weiche Wolldecken, frische Baumwollbettwäsche und leichte, flauschige Kissen helfen, sich gegen die seelenlosen Seiten des modernen Lebens zu wappnen. Ob es nun die glatte, sanfte Haut eines Babys oder die knorrige, rissige Rinde eines Baumes ist – natürliche Strukturen sind dazu da, von uns wahrgenommen und geschätzt zu werden. Manche zeichnen sich durch eine faszinierende Mischung der verschiedensten Eigenschaften aus. Bimssteinbrocken, Hölzer und Muscheln können durch Wind, Sonne, Feuer und Regen eine glatte oder eine rauhe Oberfläche haben. Gerade wegen dieser Ursprünglichkeit sammeln wir solche Dinge. Eine Wohnung braucht natürliche Strukturen, um zu einem lebendigen, atmenden Raum zu werden – gewachste Holzböden, grobe Körbe und reine Baumwollgewebe sind Beispiele dafür, wie man sich die Natur in seine vier Wände holt.

Glatt

Gegenstände mit glatten Oberflächen sind oft frische, saubere Dinge und finden sich im ganzen Haus, vor allem natürlich in der Küche und im Badezimmer. Die glatten Oberflächen von frischen weißen Fliesen, Marmor und funktionalem rostfreiem Stahl vermitteln eine Atmosphäre klinischer, stromlinienförmiger Effizienz. Die Vorbereitung des Essens in der Küche wird auf Arbeitsflächen, die gleich wieder makellos aussehen, wenn man sie abwischt, einfacher und hygienischer. Auch funkelnde Töpfe und Pfannen aus rostfreiem Stahl machen einem das Leben in der Küche leichter. Ich benutze gerne Kochlöffel aus Holz, die mir nach jahrelangem Dienst perfekt in der Hand liegen. Gußeiserne Oberflächen und gekachelte Wände im Badezimmer lassen sich im

Handumdrehen reinigen: schon blitzt alles wieder. Natürliche Oberflächen wie die von Schiefer- und abgetretenen Steinfliesen machen sich drinnen wie draußen gut. Glatte Oberflächen begegnen uns überall – auf feinem, weißem Papier, das man mit einem Seidenband umwickelt, aber auch auf gewachsten Fußböden. Und was die kulinarischen Genüsse angeht, denken Sie nur an das glatte Wachspapier, das gute Käsegeschäfte verwenden, an schlanke Glasflaschen mit Olivenöl oder köstliche Schokoladenstückchen in hauchdünnem Silberpapier. Man kann sein Zuhause auch mit von Natur aus glatten Gegenständen dekorieren – etwa mit abgeschliffenen Kieseln oder mit Treibholz, das man bei einem Spaziergang am Meer gesammelt hat.

Rauh

Zu meinen Lieblingsstücken gehört ein grober Korb aus Olivenzweigen. Sein im Winter geschnittenes Holz ist silbergrau, seine Machart robust – es ist eine wahre Freude, ihn anzufassen. In Spanien werden in solchen Körben Eier, Pilze oder Obst befördert; meiner in London ist dagegen mit Kienspänen gefüllt. Sisal- oder Kokos-Bodenbeläge sind strapazierfähig und sehen selbst dann noch natürlich aus, wenn sie in Mustern verarbeitet werden. Auf groben Terrakottafliesen geht es sich sehr angenehm: werden sie etwas unregelmäßig verlegt, entsteht der Eindruck, als ob sie schon immer da waren. Rauhe Naturflächen sind oft dem Wirken der Elemente zuzuschreiben: selbst abblätternde

Farbe kann bei einem verwitterten alten Gebäude sehr reizvoll wirken. Ungleichmäßig verputzte Wände oder Flächen, wie etwa restaurierte Paneeltüren, können aufgrund der Vorstellung, daß rauh und alt zusammengehören, sogar einem neuen Gebäude den Charakter eines alten Bauernhauses verleihen. Rauh kann natürlich auch modern heißen: Man denke an funktionale Betonwände von zu loftartigen Wohnungen umgebauten Fabrikgebäuden.

Jeder, der einmal rauhe, aufgesprungene Hände hatte oder kratzige Wolle auf der Haut gespürt hat, weiß, daß rauhe Oberflächen nicht immer mit angenehmen Gefühlen verbunden sind. Dennoch sind zum Beispiel Baumwollhandtücher, die durch häufiges Waschen rauh geworden sind, genau das, was man braucht, um nach dem Duschen die Hautdurchblutung anzuregen. Bimsstein und harte Bürsten erneuern und beleben die Haut auf ihre Weise.

Geruch und Geschmack

Geruch und Geschmack von bestimmten Dingen sind so unauslöschlich, daß oft schon ein Dufthauch oder das Aroma einer bestimmten Speise Kindheitserinnerungen wachruft. Als kleines Mädchen, das seine Ferien in Frankreich verbrachte, verband ich dieses Land unweigerlich mit einer Geruchsmischung aus Möbelpolitur und Knoblauch. Auf dieselbe Weise versetzt mich im Frühling frisch gemähtes Gras in eine Zeit zurück, in der ich bei meiner Großmutter in Devon auf dem Rasen spielte. Gerüche wirken anregend und motivierend – nichts lockt einen Langschläfer schneller aus den Federn als der Duft von frischem Kaffee und heißem Toast. Der Geschmack ist für den Genuß beim Essen das A und O. Wenn etwas gut schmecken soll, braucht man frische Zutaten, solide Grundkenntnisse und Freude am Kochen. Zwischen einem selbstgemachten Hamburger und den Pappkreationen, die man aus Schnellimbißketten kennt, liegen Welten. Beide – der Geruch und der Geschmack – bestimmen die Intensität des Genusses beim Essen. Denken Sie nur an die ersten Erdbeeren des Sommers, deren verlockender Duft den süßen Geschmack der Frucht ankündigt.

Aroma und Duft

Gute Gerüche im Haus beleben. Ich liebe zum Beispiel den herrlich süßen Duft weißer Narzissen. Auch Duftkerzen und Potpourri-Blumenmischungen verströmen oft ein herrliches Aroma. Die Küche ist das Reich der Gerüche: Jeder, der gerne ißt, fühlt sich im siebten Himmel, wenn ihm das Aroma geriebener Zitronenschalen für eine Sauce und ein Dessert oder

der erdige Geruch von in Butter schmorenden Pilzen in die Nase steigt. Je einfacher etwas schmeckt, desto köstlicher ist es oft. Was ist verführerischer als ein Teller Pasta mit Knoblauch und Olivenöl oder ein würziger Käse? Basilikum, Rosmarin, Thymian und Dill riechen nicht nur herrlich, sie bringen auch das volle Aroma einer Speise zur Geltung.

Stoffe

Abgesehen vom persönlichen Geschmack und ästhetischen Überlegungen, richtet sich die Wahl eines Dekostoffes danach, ob seine Stärke und Webart für den Zweck geeignet sind und ob er den alltäglichen Anforderungen, denen er ausgesetzt sein wird, entspricht. Baumwoll-, Leinen- und Wollstoffe sowie Seide, synthetische Materialien und Mischfasern gibt es in den verschiedensten Farben, Strukturen und Stärken. Mit etwas Geduld wird man fast jeden Stoff zu einem erschwinglichen Preis finden. Haben Sie sich in einen wirklich teuren Stoff verliebt, der Ihre finanziellen Möglichkeiten übersteigt, erstehen Sie einfach ein kleines Stück für ein oder zwei Kissen. Für die Anschaffung größerer Mengen lohnt es, sich im Schlußverkauf ins Gewühl zu stürzen. Günstige Grundstoffe kaufen Sie am besten in Kurzwarengeschäften oder bei Firmen, die den Fernseh-, Film- und Theaterbereich beliefern. Dort findet man Kattun und Toile, die in der Modebranche verwendet werden, Segeltuch in überbreiten Bahnen und preiswerten Musselin. Ich kenne zum Beispiel ein Spezialgeschäft, das eine große Auswahl farbiger Seidenstoffe und sogar Fallschirmseide führt. Auf den folgenden sechs Seiten finden Sie zahlreiche Stoffbeispiele.

Leicht und luftig

Dünnere Stoffe eignen sich hervorragend für einfache fließende Vorhänge. Geteilte Vorhänge aus Voile- oder Musselinbahnen (siehe 24 und 27) mit verkleideten Schabracken sind sehr dekorativ! Duftige Vorhänge lassen sich auch aus ungefütterten Baumwollstoffen (siehe 6, 7 und 8) und aus Leinen (siehe 22) nähen, die man zum Aufhängen mit Bändern oder Schlaufen versieht. Einfache Rollos aus feinen Stoffen (siehe 9) wirken in weißen oder cremefarbenen Arrangements schlicht und zurückhaltend. Zart durchscheinende, lose Überzüge aus Voile (siehe 12) eignen sich besonders für Stühle mit runden Formen in Schlaf- und Badezimmern. Aus indischer Baumwolle in leuchtendem Limonengrün (siehe 26) und anderen topaktuellen Farben kann man preisgünstig fröhliche Kissenbezüge schneidern. Nähen Sie sich doch einfach aus Baumwolleinwand (siehe 1) Ihre eigene Bettwäsche! Die Bezüge für Federbetten sollten locker sitzen und großzügige Öffnungen haben, die man mit Knöpfen, Klettverschlüssen oder Bändern versieht, so daß man sie leicht wechseln kann. Für Kopf- und Zierkissenbezüge kommen auch mit Blütenzweigen bedruckte Kleiderstoffe aus Baumwollbatist in Betracht. Baumwolleinwand ist ein großartiges Material für leichte Tischtücher und Servietten: Ich habe davon einen großen Vorrat in Weiß, der uns bei Partys immer gute Dienste leistet, wenn wir viele Gäste an nicht zusammenpassenden Tischen unterbringen müssen.

Angaben zu Herstellern und Händlern, die Stoffe anbieten, finden Sie auf den Seiten 154-157.

13
17
14
22
26
18
10
23
27
15
19
24
28
20
25
29
16
21

Vielseitig

Ich liebe Baumwollstoffe mit blauen Karos (siehe 34 und 60) und verwende sie überall im Haus, wenn ich in einem Raum farbige Akzente setzen möchte – bei Kissen für Polstermöbel (siehe 58 und 59) und bei Raffrollos (34 und 59). Blaukarierte lose Überzüge lassen sich je nach Belieben schlicht oder dekorativ gestalten: mit Schleifen, Paspeln, Borten, Bändern oder Knöpfen, in einfache Falten gelegt, mit kurzen Volants oder fließenden Säumen. Cremefarbenes Leinen mit gepaspelten Zierleisten paßt für Fensterbankkissen ebenso wie für die Nackenrolle Ihres Sofas. Achtung: Stoffe können einlaufen! Wenn Sie Überzüge selbst waschen und nicht in die Reinigung geben wollen, waschen Sie alles, einschließlich der Paspelierungen, vor dem Zuschneiden. Aus blau-weiß gestreiftem Drillich (siehe 45), der für Kissen und Matratzen verwendet wird, besitze ich einen Vorhang für einen Alkoven und schlichte Vorhänge mit Bändern für meine Mansardenfenster. Drillich, ein robuster Baumwollköper, ist eine raffinierte, klassische Lösung für Polstersessel und Sofas. Zu meinen Lieblingen zählt auch ein lavendel, blau und weiß bedruckter Baumwollstoff (siehe 47), den ich für Tischtücher und Hussen verwendet habe. Wie gut der Stoff bei Hussen zur Geltung kommt, sehen Sie auf den Seiten 120 und 121. Eine Entdeckung, die ich auch nicht missen möchte, ist der normalerweise für Handtuchrollen vorgesehene Baumwollstoff, den man bei Firmen kaufen kann, die Krankenhäuser und Restaurants beliefern. Aus solchem Stoff kann man einfache und praktische Hussen machen (siehe 150–151).

54
47
60
62
61
55
48
49
63
42
50
57
64
65
51
56
58
66
44
52
45
46
53
59
67

Strapazierfähig

Segeltuch (siehe 82 und 83) ist ein grober Allzweckstoff, der sich nicht nur hervorragend für Gartenstühle und Markisen, sondern auch für Raffrollos, Nackenrollenbezüge oder Wäschebeutel (siehe 138–139) eignet. Cremefarbener Kattun ist preiswert, sieht dennoch raffiniert und lässig aus, ist haltbar, waschbar und absolut praktisch. Man bekommt ihn in den verschiedensten Stärken: Während feinere Arten für Hussen oder Kissen in Frage kommen, bieten sich die stärkeren – besonders wenn man sie doppellagig verarbeitet (siehe den Abschnitt über Raffrollos auf den Seiten 100 und 101) – für blickdichte Rollos (siehe 75) und Vorhänge an. Grober Jeansstoff (siehe 69), der durch mehrmaliges heißes Waschen sein tiefes Indigoblau verloren hat, eignet sich sehr gut für Stühle. Möchte man einen professionellen Eindruck erzielen, müssen die Überzüge eng anliegen, damit die Form der Stühle betont wird. Zu meinen Lieblingen für Polstermöbelüberzüge gehört ein in sich gemusterter Stoff mit einfachen Tulpen aus einem Baumwollviskosegemisch (siehe 87). Für modernere Sofas rate ich zu dichtgewobenen Baumwollstoffen in Meergrün oder in Blautönen (siehe 88, 89 und 90). Einheitlich cremefarbene Baumwolle wirkt zwar stilvoll, empfiehlt sich aber nur für Haushalte ohne Kinder und Hunde; entscheiden Sie sich deshalb für ein etwas weniger heikles, schlammfarbenes Leinen, wenn Sie Familie haben. Wollstoffe mit Schottenkaros (siehe 79) eignen sich ebenfalls hervorragend als Bezüge für Eßzimmerstühle und Sofas sowie für warme Winterdecken.

8
82
83
87
93
84
88
89
90
94
85
91
95
80
86
92
96
81

Möbel

Auch wenn es paradox klingt: die Kombination unterschiedlichster Gegenstände kann einem Raum besonderen Charakter und Einheit verleihen. Ob alt, neu, dekorativ, industriell, zeitgenössisch oder funktional – man kann eine Vielzahl von Möbelstilen unter einem Dach versammeln und trotzdem ein in sich stimmiges Erscheinungsbild schaffen. Im Bereich der Innenausstattung sind die Trends nicht so schnellebig wie in der Mode. Machen Sie es wie beim Kleiderkauf und kaufen Sie Möbel erst dann, wenn Sie sicher sind, daß Ihnen Oberflächenbeschaffenheit, Komfort und Form zusagen. Bei mir zu Hause hat sich ein Mischmasch von Möbeln angesammelt, die ich bei Schlußverkäufen, in Trödelläden und bei Verwandten gefunden habe: eichene ländliche Eßzimmerstühle aus dem 18. Jahrhundert, alte Sofas, Klapptische und Küchenstühle aus den 60er Jahren. An etwas freilich habe ich mich gehalten: Was mir nicht mehr gefiel, habe ich ausrangiert oder hergerichtet. Zu industriellen oder kommerziellen Zwecken entworfene Secondhand-Möbel, wie metallene Drehstühle, Bibliotheksregale oder Zuschneidetische, sind von besserer Qualität als moderne Massenware und lassen sich gut für Wohnzwecke umfunktionieren.

Tische und Stühle

Ein Klappstuhl mit einer Lattensitzfläche, der sich leicht verstauen läßt, und ein alter Kirchenstuhl – zwei gute, strapazierfähige Sitzmöglichkeiten für Küchen und Speisezimmer.

Ein moderner Stapelstuhl aus Buchensperrholz mit nach außen gestellten Metallbeinen – inspiriert durch den von Arne Jacobsen entworfenen Schmetterlingsstuhl.

Zwei robuste Massivholz-Formen: ein Buchenholzstuhl mit Binsengeflecht und ein klassischer Buchenhocker.

Ich mag einfache Stühle ohne Verzierungen und Kinkerlitzchen. Für mich muß ein Stuhl nicht nur gut aussehen, er muß auch robust und bequem sein. Klassische ländliche Stühle mit einer Sitzfläche aus Binsen sind für Küchen und Speisezimmer ideal. Klappbare Holzstühle sind leicht zu verstauen und eignen sich hervorragend für kleine Räume.

Eine frische rosarote Baumwollhusse und ein wenig weiße Farbe haben diesem Stuhl aus einem Trödlerladen neues Leben eingehaucht.

Ein einfacher Tapeziertisch wie dieser aus Birkensperrholz läßt sich vielseitig einsetzen – als Arbeitstisch oder als improvisierter Eßtisch.

Wetterfeste Aluminiumstühle im Stil der 60er Jahre findet man in vielen Bars und Cafés – eine tolle Idee für Lofts und Innenhöfe in der Stadt.

Auf einem robusten, funktionalen Beistelltisch aus Kiefer im schwedischen Stil kommt Porzellan ebensogut zur Geltung wie Bücher oder Blumen.

Groß, einfach und in massiver Kiefer: eindeutig ein Küchentisch für jedes Ambiente.

Klappmöbel für drinnen und draußen: ein weißer Stuhl mit einer Lattensitzfläche und ein Eßtisch aus Metall.

Dieser Kieferntisch aus Zeit der Jahrhundertwende wurde mit weißer Kalkfarbe gestrichen – ein guter Tip!

Eierschalenfarben bemalt, macht sich dieser einfache Kieferntisch als Schreib- oder Beistelltisch überall gut.

Auch ein Tisch sollte nicht nur gut aussehen und solide sein – man muß auch gerne an ihm sitzen. Eine einfache, auf zwei Böcken ruhende Platte ist besonders praktisch. Ein solcher Tisch läßt sich gut transportieren und im Handumdrehen aufbauen und wegräumen. Ramschläden sind sowohl für Stühle als auch für Tische stets eine gute Fundgrube.

Der ausrangierte, aber elegante Fabrikstuhl mit seiner perfekten Rückenstütze ist ein Beispiel für eine funktionale, aber stilvolle Sitzmöglichkeit.

Frisch wirkt diese karierte Baumwollhusse mit Knöpfen: er läßt schlichte Eßzimmerstühle wie neu aussehen.

Dieser Holztisch im Stil der 50er Jahre mit einer verzinkten Platte paßt ideal in funktionale moderne Küchen.

Betten

Bei der Wahl eines Bettes sollten praktische und ästhetische Gesichtspunkte berücksichtigt werden. Für eine wirklich angenehme Nachtruhe sollte man sich eine gute Matratze und einen massiven Rahmen leisten. Stehen Ihnen nur begrenzte Mittel zur Verfügung, können Sie sich überlegen, wie sich Ihr altes Bett mit hübscher Bettwäsche und Decken verschönern läßt.

rechts *Ein traditioneller Gußeisenrahmen paßt zu jeder Innenausstattung.*

rechts unten *Ein Himmelbettgestell aus Kiefer im Shakerstil (ein preiswertes Fertigteilfabrikat) macht sich gut mit einem eierschalenfarbenen Anstrich.*

unten *Das in Form und Ausführung nüchterne, funktionale Bett aus Tannenholz ist der Traum eines jeden Minimalisten.*

Sofas und Sitzmöbel

Bei Polstermöbeln kommt es vor allem auf eine gute Federung und ein solides Gestell an. Bei Sofas und Sesseln lohnt es eher, ein stabiles Secondhand-Stück mit Holzrahmen, starker Federung, gutem Füllmaterial und intakten Gurten zu kaufen als ein neues, weniger haltbares Fabrikat. Sofas können Sie mit strapazierfähigem Leinen- oder Wollstoff beziehen lassen, ein einfaches Tuch darüberwerfen oder einen passenden Baumwollbezug schneidern.

links oben *Das viktorianische Sofa beeindruckt durch seine dekorative Knopfpolsterung.*
links *Ein französisches Ruhebett eignet sich für kleine Räume.*
oben *Ein modernes Modell, auf dem man sich gut langstrecken kann.*
rechts *Eine schwedische Holzsitzbank mit karierter Auflage und ein einladender Sessel.*

Stauraum und Schränke

Idealerweise sollte man alles so verstauen können, daß möglichst viel Raum zum Leben bleibt. In Wirklichkeit erlauben es aber oft die finanziellen Möglichkeiten, kleine Räume, zu wenig Zeit, zu viele Bewohner und zu viele Einrichtungsgegenstände nicht, den Alltag effizienter zu organisieren. Hier werden einige Ideen gezeigt, die die Aufbewahrung vereinfachen. Holzregale gehören dabei sicher zu den preisgünstigsten Lösungen: Sie eignen sich für Küchenkrimskrams ebenso wie für Handtücher und Bücher. Freistehende Systeme – etwa schlichte Kiefernmöbel für Allzweckräume und Kinderzimmer – gibt es auch zum Selberzusammenbauen. In einer Mansarde mit ungünstigem Zugang sollte man Fertigteilschränke an Ort und Stelle aufstellen.

links oben *Metallgittergarderoben eignen sich hervorragend für kleine Räume.*
rechts oben und rechts unten *Der Aktenschrank und die Kommode, die von einem Trödler stammen, haben einen frischen Anstrich erhalten.*
rechts *Die preisgünstigen, aber stilvollen Schubladen-Bausätze aus Karton sind ideal für Papiere und Unterlagen, aber auch für Krimskrams.*

links oben *Ausziehbares Schrankelement mit Drahtkörben: eine gute Idee für Selbstbauküchen!*
rechts oben *Ein klassischer Schrank aus unbehandeltem Kiefernholz schmückt jede Küche.*
links unten *Optimale Aufbewahrung für Kleider, Koffer und vieles mehr: eine begehbare Garderobe.*
rechts unten *Eine dekorative Anrichte aus Holz eignet sich vor allem für ländliche Interieurs.*

Gegenstände

Würde man ein Inventar der Dinge erstellen, die man besitzt, müßte man wohl vieles als nicht wirklich nützlich einstufen oder sogar zugeben, daß man etwas nur deshalb nicht weggeben will, weil es ein Geschenk oder Erbstück ist. Es mag vielleicht Ihr Gewissen belasten, aber wenn Sie sich dazu durchringen, Unnötiges auszumisten, wird Ihr Leben praktischer und entspannter. Seien Sie nicht sentimental: Horten Sie nichts, was Sie nie brauchen werden; finden Sie heraus, was Sie gerne in die Hand nehmen und benutzen. Es ist besser, einen guten Kochtopf zu haben als drei minderer Qualität, in denen alles anbrennt. Sogar ein so elementarer und praktischer Gegenstand wie ein schlanker Borstenbesen mit einem Holzstiel ist etwas Schönes und kann auf seine Weise ebenso ästhetisch wirken wie eine gute altmodische Rührschüssel, deren tiefe Rundungen ihren Zweck bestens erfüllen. Rangieren Sie die alten Chiantiflaschen aus, die Sie als Lampenfüße für Ihre erste Wohnung geschenkt bekommen haben und entdecken Sie die klassischen Arbeitsleuchten: wer sie kennt, weiß ihre Beweglichkeit zu schätzen. Gegenstände des alltäglichen Gebrauchs, speziell für bestimmte Funktionen entworfen, sind kleine Kunstwerke für sich.

Unent-
behrlich

Hölzerne Schneidebretter gehören zur Grundausstattung jeder Küche. Dreieckige Holzuntersätze schützen Arbeitsflächen vor heißen Töpfen.

Paketschnur leistet oft gute Dienste: beim Verschließen von Konfitüregläsern, aber auch als improvisierte Wäscheleine. Zum Mischen, Umrühren und Schlagen braucht man verschiedene Kochlöffel, für Spaghetti einen Speziallöffel.

Ein hoher Mülleimer aus rostfreiem Stahl mit Klappdeckel hat für eine Menge Küchenabfall Platz; ein Borstenbesen mit Holzstiel, erhältlich in jedem Haushaltsgeschäft, ist zum Saubermachen unerläßlich.

Wenn ich mich mit einer improvisierten Küchenausstattung begnügen muß, zum Beispiel bei Renovierungsarbeiten, ist das allgemeine Chaos so lange erträglich, wie ich Wasser, eine kleine Kochplatte und einen Kühlschrank habe. Meine Überlebensausrüstung an Küchenutensilien umfaßt dann einen emaillierten Kochtopf, in dem ich vom Frühstücksporridge bis

Orangen-, Zitronen-, Limonen- oder Grapefruitsaft? – Kein Problem mit dieser schmucken Presse aus Glas.

Mit einer italienischen Espressomaschine, die es in den verschiedensten Größen gibt, zaubert man im Nu starken Kaffee.

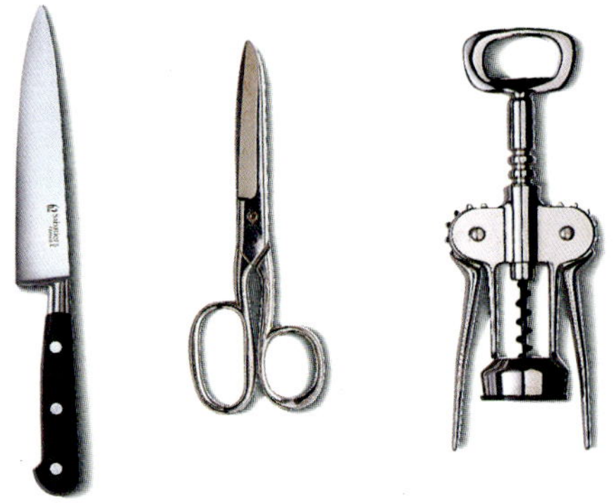

Ohne ein wirklich scharfes rostfreies Messer, eine Schere und einen Korkenzieher kommt man einfach nicht aus.

In einem massiven Dampfkochtopf aus rostfreiem Stahl bleibt Gemüse frisch und knackig und bewahrt sein Aroma – auch ideal zum Dünsten von Fisch.

Eine robuste, emaillierte Kasserolle aus Gußeisen leistet großartige Dienste, ob Sie nun für viele Freunde, für die Familie, für zwei oder nur für sich selbst kochen.

Ein einfacher Metalldurchschlag zum Abtropfen von Nudeln, Reis oder grünem Salat. Mit diesem Fischkochtopf kann bei größeren Fischen, wie bei einem ganzen Lachs, nichts mehr schiefgehen.

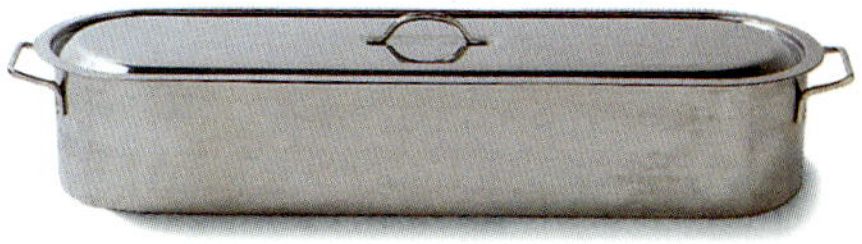

Für alle, die gerne Fisch essen: ein schweres Austernmesser mit einer Schutzvorrichtung und ein klassisches Besteck, dessen Messer Horngriffe hat.

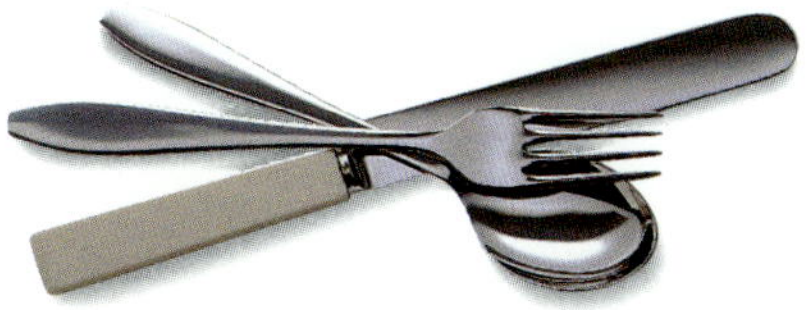

zum Hühnereintopf einiges zubereiten kann, ein scharfes Messer, ein solides Schneidebrett, ein paar Kochlöffel aus Holz und – um bei Laune zu bleiben und etwas für den Koffeinspiegel zu tun – eine italienische Espressomaschine. Natürlich gehören auch eine Schere, eine Knoblauchpresse und ein ordentlicher Korkenzieher zur Grundausstattung.

Zu meinen Lieblingsutensilien gehören eine Knoblauchpresse (auch gut zum Olivenentkernen), ein Schneebesen und eine Fischzange.

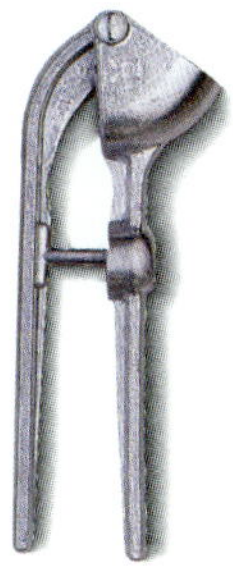

Unentbehrlich: Ein Sieb für Mehl und zum Abtropfenlassen von Gemüse sowie eine Reibe, mit der man selbst Parmesan kleinkriegt.

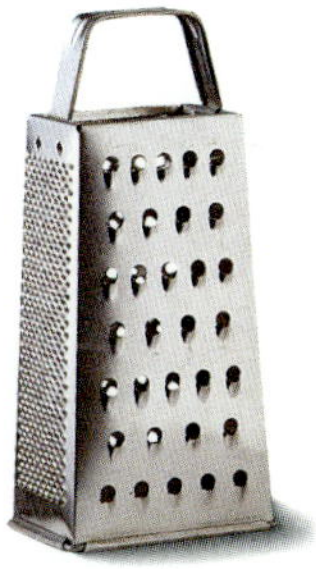

Ohne Wasserkessel geht es nicht! Leisten Sie sich einen massiven Kessel aus Metall – ein Muß für passionierte Teetrinker.

Eine perfekt geformte Pfanne aus Edelstahl liegt wunderbar in der Hand. Es gibt nichts Besseres, wenn man schnell Risotto oder gebratenen Fisch zaubern will.

Beleuchtung

Das Tageslicht bietet uns zwar das perfekte Licht, trotzdem verbreitet die Nacht ihre ganz eigene Stimmung und läßt alles anders wirken. Ohne Dunkelheit kämen wir nicht in den Genuß des sinnlichen und wohltuenden Kerzenlichts. Es belebt dunkle Räume und versetzt uns in eine Zeit, in der es noch keine Elektrizität gab. Um Ihrem Speisezimmer eine romantische Note zu geben, leisten Sie sich einen einfachen Kronleuchter aus Metall oder Holz und zünden Sie bei jeder sich bietenden Gelegenheit Kerzen an. Im günstigsten Fall ist künstliche Beleuchtung unaufdringlich und effektiv, im schlimmsten Fall einfach grauenhaft: man denke an blendende nackte Glühbirnen oder das fahle Neonlicht in Supermärkten und Flughafenhallen. Mehrere Lichtquellen wie in der Decke eingelassene Niedervoltstrahler und Lampen in den Zimmerecken verbreiten in Innenräumen das schönste Licht.

Bei Kerzenhaltern gibt es verschiedene Modelle: vom einfachen bemalten Leuchter aus Holz oder Metall bis zum Lampenfuß aus Messing mit feuerfestem Faltschirm, der mit der abbrennenden Kerze tiefer sinkt. Für Sommerabende bieten sich Windlichter, Laternen oder Teelichter an, die man in Haushaltsgeschäften bekommt.

Funktionale Lampen und Arbeitsleuchten kommen sowohl in modernen als auch in eher traditionellen Räumen gut zur Geltung. Hängeleuchten aus gebürstetem Aluminium passen in Küchen, Speisezimmer und Flure. Auf dem Schreibtisch sieht eine Arbeitsleuchte im Stil der 30er Jahre nicht nur elegant aus, sondern leistet dank ihrer Beweglichkeit bei jeder Arbeit gute Dienste.

Beutel, Kisten & Co

Viele Haushaltshelfer lassen sich mit etwas Phantasie individuell gestalten: Alte Schuhkartons überzieht man zum Beispiel mit Stoff oder bemalt sie – und schon hat man bunte Boxen, in denen man Papiere, Unterlagen oder Spielzeug verstauen kann. Ein wenig weiße Farbe reicht aus, um eine häßliche Kleiderstange auf Rollen in eine stilvolle Garderobe zu verwandeln – ideal, wenn man wenig Platz hat. Um Staub abzuhalten, genügt ein Leintuch als Überwurf. Ich bin eine leidenschaftliche Sammlerin alter Einmachgläser und verwende diese, um meine Reis-, Mehl- und Nudelvorräte aufzubewahren; das Gemüse wandert in Metalleimer. Für industrielle Zwekke hergestellte Fleischerhaken, die man in Küchenzubehörgeschäften bekommt, sind eine geniale Lösung zum Aufhängen diverser Küchenutensilien.

Diese Lattenkiste vom Gemüsehändler wurde limonengrün gestrichen.

Sperrige Dinge wie diese dicke karierte Decke aus Wales und die beiden mit blauem und grünem Baumwollstoff überzogenen Kissen finden in alten Körben Platz.

Schön proportionierte Marmeladengläser sind nicht nur ideal für Schreibzeug, sondern auch als Blumenvasen geeignet.

Eine Minikommode aus Kiefernholz ist vielseitig: sie eignet sich für die Stoffmuster eines Ateliers ebenso wie für Schreibtischutensilien.

Auch mit einem Stück freier Wand läßt sich etwas anfangen: eine Hakenleiste aus Holz genügt. Die Beutel sind aus Baumwolle.

Bemalen Sie Spanschachteln wie diese im gleichen Farbton, zum Beispiel in einem intensiven Blau.

Einmachgläser sind praktisch und sehen gut aus. Man kann Sie auch zum Aufbewahren von Mehl, Zucker oder Nudeln verwenden.

So ein bemaltes Fertigteilschränkchen ist dekorativ und praktisch.

Auf Fleischerhaken an Stangen kann man jederzeit etwas aufhängen. Dieser hölzerne Besenstiel ist mit zwei Metallhalterungen befestigt.

Eine häßliche schwarze Kleiderstange wurde mit ein wenig weißer Farbe in eine elegante Garderobe verwandelt, die für kleine Räume ideal ist. Um Staub abzuhalten, genügt ein weißes Leintuch.

Eine pfiffige Lösung zum Aufbewahren von Bürokram oder Spielzeug: mit freundlichem Baumwollstoff überzogene Schuhkartons.

In Aluminiumeimern läßt sich hervorragend Gemüse aufbewahren.

Wenn Sie Ihrer Küche einen modernen Touch geben wollen, bewahren Sie Löffel und Besteck griffbereit in Metallbehältern auf, die Sie auf einem Regal oder auf der Arbeitsfläche nebeneinander aufstellen.

Ein hölzernes Schuhregal mit zwei Etagen wie dieses, das an Schulgarderoben erinnert, paßt in den Flur, aber auch ins Schlafzimmer.

Zur Schau gestellt

oben *Preiswerte, in Erdtönen bemalte Holzrahmen machen sich, knapp übereinander aufgehängt, an schlichten weißen Wänden sehr gut.*
rechts *Eine Sammlung liebgewordener Teigschüsseln, die in einem alten Eckschrank ganz schlicht präsentiert wird.*

Ob Fotografien, Töpfe oder Pfannen – die Art, in der Sie Ihre Lieblingssachen zur Schau stellen, kann Ordnung schaffen und Ihren Räumen eine persönliche Note verleihen. Sammlungen von Gebrauchsgegenständen – selbst von so gewöhnlichen Dingen wie weißen Krügen oder Blumenschalen – haben ihren ganz eigenen Reiz.

Dinge aus der Natur strahlen eine wunderbare Einfachheit aus. Dekorieren Sie Ihre Wohnung mit Kieselsteinen vom Strand, mit Blättern, Muscheln und Porzellanscherben, die Sie hinter Glas arrangieren, mit Schalen oder Gefäßen, in die Sie Ihre Lieblingsblumen pflanzen, oder mit Olivenzweigkörben.

Porzellan und Glas

Massive weiße Porzellanbecher, die es in fast jedem Supermarkt gibt, gehören unbedingt in die Küche.

Ein Stoffmustermotiv aus dem Norden Großbritanniens: ein in Schottenkaro gehaltener Teller zum Servieren von Haferkeksen und anderen schottischen Leckereien.

Jedes Café, das etwas auf sich hält, serviert Espresso in solchen kleinen schweren Tassen. Ihn aus einem leichteren oder größeren Gefäß zu trinken, würde den Genuß schmälern.

Porzellan mit blau-weißen Streifen ist freundlich, schlicht und in den vielfältigsten Formen erhältlich – ideal für jeden Tag.

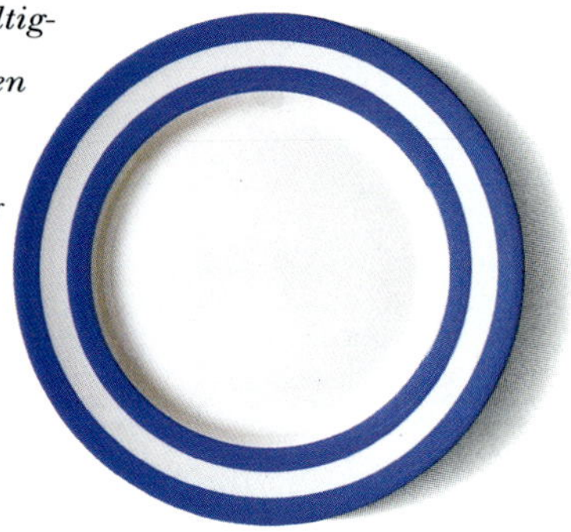

Qualität, Form und Größe von Gläsern und Tellern entscheiden darüber, ob man wirklich genießen kann, was man gerade trinkt oder ißt. Aus den unverwüstlichen Duralex-Gläsern beispielsweise trinke ich besonders gern. Einfache weiße Teller in klassischer Form machen eine Mahlzeit zu einer wahren Freude – und die Speisen kommen darauf gut zur Geltung.

Topaktuell: meergrünes Geschirr für in Grün- oder Cremetönen gehaltene Küchen und Speisezimmer.

Farbtupfer wie das leuchtende Gelb dieses Glases machen sich auf einem ganz in Weiß gedeckten Tisch besonders gut.

Gläser für alle Tage – für Wasser, Sherry und Durstlöscher jeglicher Art.

Für leidenschaftliche Kaffeetrinker: winzige schokoladenfarbene Tassen für kleine Mengen reinen Koffeins und eine massive größere Tasse für Cappuccino.

Fröhliches, blau-weiß kariertes Porzellan, wie dieser tiefe Teller für Cornflakes und Müsli, verleiht jedem Frühstückstisch eine heitere Note.

Eine klassische Form, die es schon seit ewigen Zeiten gibt – solche Krüge, in den verschiedensten Größen erhältlich, eignen sich auch hervorragend als Blumenvasen.

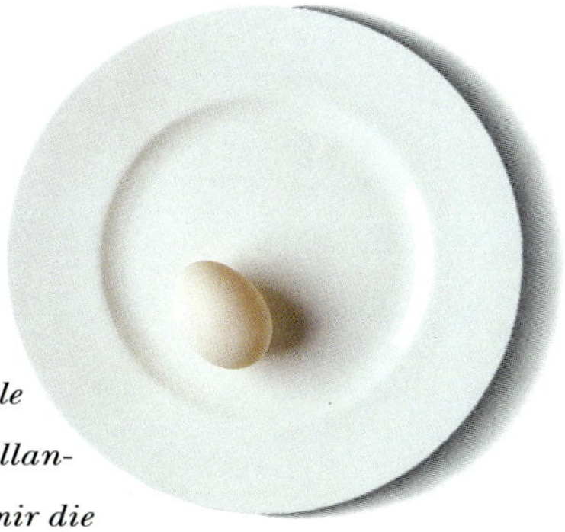

Traditionelle weiße Porzellanteller sind mir die liebsten, weil sie auch noch so bescheidene Mahlzeiten einladend aussehen lassen.

Blau-weißes glasiertes Steingut wirkt nicht nur bei zwanglosen Anlässen sehr dekorativ, sondern schmückt auch jede Anrichte und jedes Regal.

Für schlichte wie für gestylte Küchen ist einfaches, blau-weißes Porzellan – das mich seit jeher begeistert – einfach unschlagbar.

Dieses Geschirr macht sich in ländlichen, in Cremetönen gehaltenen Küchen ebenso gut wie in weiß oder in anderen neutralen Farben gestalteten Speisezimmern.

Für stärkendes Gebräu aller Art: ein Service mit einer herrlich großen Schale für den morgendlichen Milchkaffee.

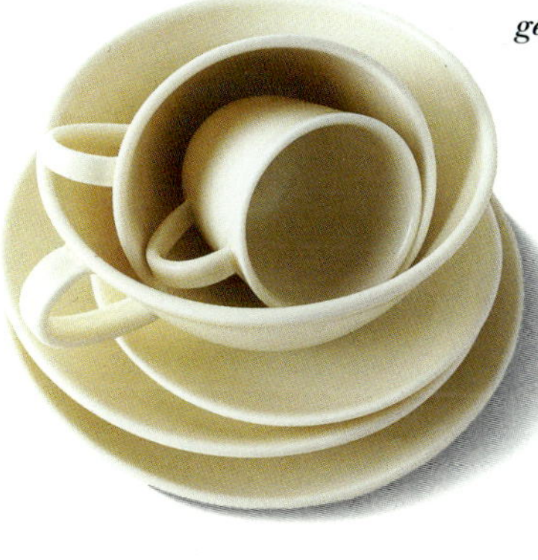

Perfekt geformte Schalen, in denen man von Porridge und Desserts bis zu Suppen und Salaten einfach alles servieren kann.

WOHNEN UND LEBEN

Beim Einrichten kommt es vor allem auf Farbe und Komfort an. Strahlende Weiß- und Cremetöne schaffen ebenso einladende Räume wie Grün-, Lavendel- oder Blautöne. Wählen Sie Möbel, die Funktionalität und Stil vereinen, und bleiben Sie bei einfachen Formen. Unterschiedliche Strukturen beleben Ihren Wohnraum: Lassen Sie sich von der Natur anregen.

Rund um die Küche

In einer Küche ist oft auf engstem Raum eine Vielzahl von Dingen unterzubringen: Cornflakes- und Müslipackungen, Töpfe, Pfannen, Geschirrspüler, Kühlschrank, Spüle – die Liste ist endlos. Um alles sinnvoll verstauen zu können, ist deshalb eine gute Planung erforderlich. Schränke, Schubladen, Regale und Arbeitsflächen sollte man unter funktionalen und ästhetischen Gesichtspunkten sehen. Am besten verwendet man widerstandsfähige Materialien wie Holz, Marmor, Schiefer und rostfreien Stahl. Beschränken Sie sich auf die allernotwendigsten Küchenutensilien und gestalten Sie die täglichen Mahlzeiten so angenehm wie möglich. Einfache weiße Teller, schöne Gläser, ein mit Kerzen und Blumen dekorierter Tisch, und – bei besonderen Anlässen– eine frische weiße Tischdecke machen die Mahlzeit zu einem besonderen Genuß. Die Essenszubereitung kann geradezu eine therapeutische Wirkung haben, auch wenn man beruflich oder privat sehr unter Druck steht. Vermeiden Sie komplizierte Rezepte mit Zutaten, die sich nur schwer auftreiben lassen. Bleiben Sie bei Speisen, die Sie mögen und zubereiten können. Es ist besser, einen leckeren Käsetoast anzubieten als etwas Extravagantes, das nicht wirklich gelungen ist.

rechts *Eine schlichte und schöne Lösung zum Aufbewahren von Küchenutensilien: Anrichten aus Holz und einfache mattweiß oder cremefarben gestrichene Unterschränke mit Schubladen.*

Früher waren Küchen einzig dazu da, das Essen vorzubereiten und zu kochen – gegessen wurde in einem eigenen, von der Küche abgetrennten Speisezimmer. Durch die sozialen und räumlichen Gegebenheiten des späten 20. Jahrhunderts sind Küchen jedoch zu multifunktionalen Räumen geworden, in denen man ißt und wohnt. Das jeweilige Umfeld entscheidet über die Prioritäten. Ländliche Küchen etwa müssen das Hin und Her schmutziger Schuhe oder Pfoten aushalten und sind der klassische Platz für den wärmenden Herd, der praktisch und dekorativ ist.

In modernen Stadthaushalten kommt es darauf an, elektrische Geräte wie Geschirrspüler, Saftpresse, Mikrowelle, die den hektischen Alltag erleichtern, sinnvoll zu verstauen.

Die meisten Speisen werden auf robusten Arbeitsflächen zubereitet. Ahorn- oder Buchenplatten sehen gut aus, sind aber teuer und müssen mit Öl behandelt und regelmäßig gescheuert werden, damit sie makellos bleiben. Billiger ist es, in einem Baumarkt Buchenbretter zu kaufen. Auch bei Altwarenhändlern kann man Holz finden, das sich für Arbeitsflächen eignet; so habe ich einmal auf dem Land ein Abtropfgestell aus Teakholz entdeckt, das aus einem viktorianischen Armenhaus stammte. Auch wenn man Marmor mit glänzenden Hollywoodbadezimmern assoziiert – er ist robust, praktisch und hygienisch, und Arbeitsflächen in unpoliertem matten Grau, Weiß oder Creme wirken sehr dezent. In Südfrankreich, Spanien und Italien ist Marmor günstiger. Will man seine Küche möglichst preiswert erneuern, so kann man in Baumärkten laminiertes Sperrholz in verschiedenen Farben erstehen. Die Spüle ist ein zentraler Punkt jeder Küche: Ideal sind massive, tiefe, weiße Keramikbecken, die man mit etwas Geduld bei Altwarenhändlern findet.

links *Gemütlich: In sauberen Küchen, in denen Töpfe und Pfannen ordentlich in Schränken oder auf Regalen verstaut sind, kann man seine Freunde an einem großen Tisch stilvoll bewirten.*

Bemalte Dosen, Kisten und Blumentöpfe

Aus einfachen Gebrauchsgegenständen wie Dosen, Kisten vom Obsthändler und Tontöpfen lassen sich preiswert passende Lösungen zum Aufbewahren vieler Dinge zaubern.

DOSEN

mehrere Dosen
Farbe
einen etwa 2,5 cm breiten Pinsel

KISTEN

mehrere Obstkisten
Farbe
einen etwa 2,5 cm breiten Pinsel

BLUMENTÖPFE

Tontöpfe
matte Emulsionsfarbe
einen etwa 2,5 cm breiten Pinsel
einen feineren Pinsel für die Verzierungen
einen Bleistift
mehrere kleine Gläser

DOSEN

Leere Dosen muß man nicht wegwerfen. Etwas Farbe – und schon hat man eine schöne Aufbewahrungsmöglichkeit für Küchenutensilien.

ANLEITUNG

1. Den Deckel mit einem Dosenöffner, der keinen Rand läßt, entfernen.

2. Die leeren Dosen in heißem Seifenwasser waschen, um die Etiketten zu entfernen. Sollte Klebstoff zurückbleiben, diesen vorsichtig abschmirgeln. Auch den inneren oberen Rand der Dose abschleifen.

3. Nun die Dosen innen und außen zweimal streichen, zum Beispiel eierschalenfarben.

KISTEN

Verschönern Sie Holzkisten, die Sie beim Gemüsehändler umsonst bekommen können, mit etwas Farbe. Verwenden Sie Cremetöne und versuchen Sie einmal – wie hier abgebildet – ein Pastellblau, Grün oder Gelb. Sie können natürlich auch Schachteln und Kartons in bunte Behälter verwandeln.

ANLEITUNG

1. Die Kisten mit einem feuchten Tuch putzen. Dann gut abschmirgeln, um abgesplittertes Holz zu entfernen. Hervorstehende Nägel herausziehen. Etiketten mit heißem Wasser lösen oder mit Sandpapier abschleifen.

2. Nur ganz trockene Kisten streichen! Vor dem zweiten Anstrich nochmals sanft abschmirgeln!

BLUMENTÖPFE

Blumentöpfe, die rosa- oder lavendelfarben oder in einem kräftigen Ton bemalt werden, bringen ein paar Farbtupfer in jedes Zimmer. Experimentieren Sie mit verschiedenen Motiven – zum Beispiel Karos, Streifen oder Bögen.

ANLEITUNG

1. Töpfe mit einer groben Bürste reinigen, um alle Erd- und Schmutzreste zu entfernen.

2. Gut trocknen lassen – ist der Ton auch nur ein bißchen feucht, wird der Anstrich fleckig.

3. Streichen Sie die Töpfe zweimal mit weißer Emulsionsfarbe. Wenn die Farbe trocken ist, wird das Muster, für das Sie sich entschieden haben, mit einem Bleistift ganz leicht auf den Topf gezeichnet.

4. Mit dem feineren Pinsel tragen Sie nun das Muster auf. Dabei kann man die Striche besser kontrollieren, wenn man wenig Farbe nimmt. Es ist hilfreich, zuvor einige Pinselstriche auf einem Stück Papier zu machen: So streift man überschüssige Farbe ab und bekommt eine ruhigere Hand. Übergebliebene Bleistiftstriche können Sie mit einem Radiergummi entfernen, wenn die Farbe getrocknet ist.

5. Stellen Sie ein paar Blumen in einem Glas mit Wasser in den Topf. Die bemalten Töpfe sind übrigens nicht wetterfest und dürfen nicht naß werden.

links *Offene Holzregale – unbehandelt oder im selben Farbton wie die Küche bemalt – sind eine praktische und dekorative Möglichkeit, Porzellan, Dosen und andere Behältnisse aufzubewahren.*

Sinnvolle Aufbewahrungsmöglichkeiten erleichtern die Organisation jeder Küche. Offene Regale aus Kiefernholz, auf denen man von Tellern über Gläser bis zu Küchenkräutern alles unterbringen kann, sind einfach zu installieren. Hier wirken Sammlungen von Dosen und Schachteln in interessanten Formen und Farben besonders gut. Schraubt man an der Unterseite einige Haken fest, gewinnt man Platz für Becher, Schöpflöffel, Siebe und Schneebesen. Nicht jeder möchte seine Küchensachen zur Schau stellen: Nahrungsmittelvorräte, Töpfe und Pfannen lassen sich am besten hinter den Türen einfacher Schranksysteme verstauen.

Einbauküchen und -schränke sind zwar praktisch, extravagant ausgestattete Spezialanfertigungen, können aber kostspielig sein. Wenn man weniger ausgeben und die Küche dennoch individuell gestalten möchte, empfiehlt es sich, die kleinste Einbaueinheit – Spüle, Herd und Arbeitsfläche – mit freistehenden Elementen zu kombinieren: etwa mit einer Anrichte vom Trödler, die man neu lackiert, oder mit einem alten Handwagen, auf dem man Geschirr und Speisen transportieren kann. Praktisch sind auch an die Wand montierte Abtropfgestelle und hohe freistehende Speiseschränke, in denen man Lebensmittel oder Dosen und Porzellan verstaut.

rechts *Eine helle, fröhliche und praktische Küche. Den Ehrenplatz nimmt ein imposanter Herd aus den 40er Jahren ein, dessen Leistung der moderner Geräte in nichts nachsteht. Bodenfliesen aus Linoleum in Hellblau und Weiß und ein kariertes Tischtuch vervollständigen die wohnliche Atmosphäre.*

oben links *Sehr funktional: zwei tiefe Spülbecken aus Granit – eine gute Idee für große Familien und begeisterte Köche, die viel Geschirr verwenden.*

links Mitte *Holzregale mit Haken sind eine platzsparende Lösung, um ganze Batterien frischer blau-weißer Becher und einfacher Trinkgläser unterzubringen.*

links *Auch wenn man Schubladen auf den ersten Blick nicht für einen typischen Ort zum Aufbewahren von Porzellan hält, sind diese doch äußerst praktisch, wenn man keinen Schrank hat.*

rechts *Der Raum unterhalb der Treppe dieses stromlinienförmig und minimalistisch umgestalteten Londoner Reihenhauses wurde geschickt für Lagerzwecke genutzt: hinter mehreren mit der Wand abschließenden lackierten Schranktüren verbirgt sich eine ganze Menge Stauraum.*

In modernen Küchen haben Unordnung und Chaos keine Chance. Materialien wie Marmor und Zink eignen sich hervorragend für Arbeitsflächen, und Töpfe aus unverwüstlichem rostfreiem Stahl sehen immer gut aus.

links *Blau-weiß gestreiften Baumwollstoff für Handtuchrollen, wie er hier für Hussen und als Tischläufer verwendet wird, erhält man bei Firmen, die Krankenhäuser oder Restaurants beliefern (siehe die Anleitungen zum Nähen von Hussen auf S. 150–151).*

unten *Weiße Baumwolltischtücher wirken überall gut. In Schalen gepflanzte Narzissen sind ein schlichter, farbenfroher und duftender Schmuck nicht nur für Partys.*

So einfach die Mahlzeiten auch ausfallen – man sollte sie immer genießen. Die Wahl des Geschirrs und die Stimmung, die der gedeckte Tisch vermitteln soll, sind ebenso wichtig wie die Wahl der Speisen. Am Ende eines anstrengenden Tages gibt es bei mir zwar keine Extras – trotzdem lohnt es sich, ein paar Kerzen anzuzünden oder gebügelte Leinenservietten aufzulegen, die dem Essen eine feierliche Note verleihen. Das Tischdecken muß nicht aufwendig sein. Hübsche Stoffe, schöne Gläser und gutes Porzellan und Besteck sind allerdings unverzichtbar. Für den Alltag genügen ein frisches kariertes Tischtuch, eine Vase mit Gartenblumen, schlichte weiße Teller und einfache Bechergläser. Lädt man Freunde ein, kommen ein weißes Leinentuch und Servietten, Kerzen, das beste Besteck und Weingläser auf den Tisch.

Bei Ausverkäufen wird man immer wieder fündig, wenn man billiges Porzellan sucht; auch ich ergänze so mein weißes Wedgwood-Geschirr. Auf Märkten und in Trödlerläden stößt man auf schöne alte Gläser. Auf einer meiner allwöchentlichen Runden durch den Markt in meinem Viertel im Londoner East End habe ich sechs schwere spätviktorianische Weingläser erstanden, von denen jedes ein bißchen anders aussieht. Darin serviere ich Desserts ebenso wie Drinks. Tischtücher kauft man am besten in Kaufhäusern oder bei einer der zahlreichen Versandfirmen. Natürlich kann man Tischtücher und Servietten auch selbst schneidern – aus extrabreitem Leinen, das man im Großhandel kauft, oder indem man weniger breite Stoffbahnen zusammennäht. Im Notfall tut es auch ein einfaches weißes Leintuch. Für ein Kinderfest eignen sich einfache weiße Papiertischtücher, die man nachher wegwirft.

Zu den schönsten Seiten der Tischgestaltung gehört es, darüber nachzudenken, welche Dinge aus der Natur man als Dekoration verwenden könnte. Im Herbst etwa sehen Teller mit Nüssen oder Blättern und Vasen mit Zweigen voller leuchtendroter Beeren wunderschön aus. Zur Weihnachtszeit vergolde ich Äpfel und lege sie in eine große Holzschale, um den Tisch zu schmücken, oder ich hänge sie an einen Leuchter. Ich verteile auch gerne einige Christbaum-

Speisezimmerstühle aus Holz gibt es in den verschiedensten Formen. Ein Mix von Stühlen, die man bei Trödlern und in Ramschläden erstanden hat, kann genauso gut aussehen wie ein vollständiges Set.

oben *Schlichtes weißes Porzellan verträgt sich mit jeder Farbe und läßt das Essen immer einladend aussehen. Manchmal findet man auch in Spezialgeschäften für Gastronomiebetriebe günstiges Geschirr.*

zweige auf dem Tisch und stelle Töpfe mit blühenden Narzissen oder Hyazinthen hin, die die Farben und Gerüche des Frühlings ankündigen. Wenn der Frühling beginnt, stelle ich gerne Weidenkätzchen oder Kastanienzweige mit ihren grün glänzenden Knospen in Metalleimer. Im Sommer macht mir das Tischdecken am meisten Spaß: Ich hole mir Kresse und Wicken aus meinem Garten, und wenn ich einen Tag auf dem Land verbringe, komme ich mit dicken Wiesenkerbelsträußen nach Haus. Auch Kännchen mit frischen Kräutern wie Rosmarin, Thymian oder Petersilie sehen dekorativ aus. Manchmal mieten wir ein Landhaus in Cornwall: Der dort wild wuchernde violette Lavendel sieht in Glaskrügen oder Vasen wunderschön aus.

Während des Urlaubs in Spanien essen wir abends immer draußen. Auf einfachen Tischen, die nur aus zwei Böcken und einer Platte bestehen, werden gegrillter Fisch, Fleisch, Pasta, Brot, Wein und Käse serviert. Nach dem Überangebot an wilden Orchideen, Gänseblümchen, Butterblumen, Feuernelken und Lilien im Frühling findet man in der Zeit der Sommerdürre nur noch wenige Blumen. Auf dem Markt werden dann weiße Nachthyazinthen angeboten, und es genügen einige Stengel, um die Dämmerung mit einem herrlichen Duft zu versüßen. Auch silbergraue Olivenzweige in einer Vase machen sich gut.

links *Vor zart fliederfarbenen Wänden kommen Hussen aus Kattun und ein einfaches weißes Tischtuch schön zur Geltung. Ein weiß-limonenfarben karierter Baumwollvorhang und einige violette Anemonen als Farbkontrast machen diesen für zwei Personen gedeckten Tisch besonders einladend.*

Eingemachtes

Pikant oder süß – die folgenden Rezepte haben eines gemeinsam: ihre Zubereitung mit frischen Zutaten ist einfach und macht Spaß. Wie wäre es mit einem aromatischen Pesto für Ihr nächstes Nudelgericht, einer leckeren Erdbeerkonfitüre oder einem schmackhaften Lemon Curd?

ERDBEERKONFITÜRE

ZUTATEN

1 kg Erdbeeren, gewaschen, trockengetupft und entstielt
1 kg Gelierzucker
der Saft einer Zitrone

PESTO

ZUTATEN

50 g Basilikumblätter
50 g Pinienkerne
3 Knoblauchzehen
175 ml Olivenöl
50 g geriebener Parmesan und 50 g geriebener Pecorino (oder 100 g Parmesan, falls kein Pecorino vorhanden)

LEMON CURD

ZUTATEN

die geriebenen Schalen und der Saft von 4 Zitronen
4 ganz frische Eier
125 g Butter, in kleine Stücke geschnitten
375 g Puderzucker

Erdbeerkonfitüre

Sie schmeckt einfach köstlich auf Toast mit etwas Butter, aber auch mit Frischkäse verrührt als leichtes Dessert und als Füllung von Biskuits und

Kuchen, für Scones und zum Bestreichen von Obsttörtchen.

ZUBEREITUNG

1. Alle Zutaten in einen Einkochtopf geben und unter ständigem Umrühren vorsichtig erhitzen, bis sich der Zucker auflöst und die Erdbeeren weich werden. Vorsicht: Die Früchte sollen nicht zerfallen.

2. Rund vier Minuten kochen lassen, bis die Konfitüre geliert. (Tip: Von der heißen Masse etwas auf einen Teller tropfen lassen. Erstarrt die Masse schnell und bildet keinen Wasserrand, ist die Marmelade fertig.)

3. Vom Herd nehmen und den Schaum abschöpfen. 15–20 Minuten stehen lassen, damit die Früchte in den Gläsern nicht nach oben steigen.

4. Die Konfitüre vorsichtig umrühren, in Gläser füllen und mit Wachsscheiben (die gewachste Seite nach unten) und Zellophan verschließen.

Pesto

Diese italienische Sauce mit Basilikum ist schnell fertig; die Zutaten bekommt man in Feinkostgeschäften oder Supermärkten. Pesto schmeckt mit Nudeln köstlich: zwei Eßlöffel pro Portion und geriebener Parmesan – fertig! Pesto eignet sich auch für gegrillten Schwertfisch, Thunfischsteaks oder als Füllung für gebackene Kartoffeln.

ZUBEREITUNG

Alle Zutaten mit Ausnahme des geriebenen Käses in einem Mixer zu einer groben Paste verarbeiten. Dann den Käse unterrühren. Sofort servieren oder innerhalb von drei Tagen aufbrauchen.

Lemon Curd

Lemon Curd, ein zähflüssiger Zitronenaufstrich, ist eine englische Spezialität und eine der köstlichsten Varianten, Obst einzumachen. Man kann zwar auch Limonen oder Orangen verwenden, traditionellerweise werden aber Zitronen bevorzugt. Bereiten Sie nicht zu große Mengen auf einmal zu, weil sich dann die Masse ungleichmäßig erwärmt und womöglich gerinnt. Direkt aus dem Glas schmeckt ein Löffel Lemon Curd am besten, aber auch auf Brot, als Pfannkuchenfüllung oder auf Obsttortenböden. Sie können Lemon Curd auch in Schälchen mit selbstgebackenen Keksen als Dessert reichen.

ZUBEREITUNG

1. Alle Zutaten in den oberen Teil eines Wasserbadtopfes oder in eine tiefe hitzebeständige Schüssel geben, die man über einen Topf mit siedendem Wasser stellt. (Vorsicht: Der Boden der Schüssel darf nicht mit dem siedenden Wasser in Berührung kommen!)

2. Umrühren, bis sich der Zucker aufgelöst hat, und etwa 20 Minuten langsam erhitzen (nicht zum Kochen bringen!), bis das Curd dick genug ist und an einem Kochlöffel haften bleibt.

3. Abseihen, in Gläser füllen, diese mit Wachsscheiben und Zellophan verschließen. Hält sich bis zu drei Tagen verschlossen im Kühlschrank.

Tischschmuck kann einfach und dennoch wirkungsvoll sein.
links *Kunstvoll beschnittene Bäumchen kommen in Tontöpfen besonders zur Geltung. Versuchen Sie es mit einer hochgewachsenen Myrte wie der auf dem Foto oder einem Lorbeer- oder Buchsbäumchen.*
oben *Dieser hübsche Kerzenhalter, den ich auf einem römischen Markt entdeckte, macht sich zu später Stunde besonders gut.*

Wie man im Eßbereich sitzt, hängt natürlich vom verfügbaren Raum ab. Ist das Zimmer nicht groß genug, eignen sich Klappstühle und -tische, die man jederzeit wegräumen kann. In einem großzügig proportionierten Speisezimmer haben dagegen auch ovale, runde oder lange Holztische und tiefe, bequeme Sitzgelegenheiten Platz. Stühle, die nicht zusammenpassen, können trotzdem sehr reizvoll wirken – so zum Beispiel alte hölzerne Küchenstühle. Wenn man dem Speisezimmer eine einheitliche Note geben möchte, bieten sich einfache Hussen aus Kattun oder einem anderen strapazierfähigen und waschbaren Material an. (Was man alles mit einem blau-weiß gestreiften Handtuchbaumwollstoff machen kann, sieht man auf S. 78/79. Und wer selbst zur Schere greifen will, findet auf S. 150/151 die entsprechende Anleitung.)

Der Tisch sollte zur Einrichtung des Eßbereichs passen. Ländliche Holztische sehen fast überall gut aus und sind praktisch und robust. Ganz aktuelle stromlinienförmige Tische mit einer Platte aus Zink, rostfreiem Stahl oder mit Laminatbeschichtung eignen sich eher für modern eingerichtete Räume. Tendieren Sie bei Möbeln zu Klassikern, denken Sie an die schlichten Eichenstühle mit Holzlehne und die soliden Eichentische, die zu Beginn unseres Jahrhunderts entworfen wurden – oder auch an neuere Stücke wie den sinnlich geformten weißen Tulpenstuhl aus den 50er Jahren, der auf Seite 87 abgebildet ist. Da die meisten Menschen neue Speisezimmermöbel bevorzugen, kann man auf Märkten und bei Trödlern günstig schöne Stücke entdecken. Möchte man eine Party feiern und braucht zusätzlichen Platz, genügen eine einfache Platte oder sogar eine alte Tür, zwei Böcke und ein weißes Tuch, mit dem man die Improvisation kaschiert.

Ein Beistelltisch und eine Anrichte sind sehr nützlich für den Eßbereich – zum Servieren

links und oben *Minimalismus pur: ein schlichter Tisch und Bänke aus Douglastannenholz, die an den Speisesaal eines Klosters erinnern. Dazu paßt die Kalksteinbank, die sich die ganze Wand entlangzieht, und der offene Kamin.*

rechts *Eine einfallsreiche Lösung für diesen offenen weiten Wohnraum in einem ehemaligen Londoner Fabrikgebäude: eine Mahagonitür auf Metallböcken und Bürodrehstühle auf Rollen mit niedrigen Rückenlehnen aus Holz.*

von Speisen, für Blumen oder für eine Lampe. Teller, Schüsseln und Gläser griffbereit zu haben, ist praktisch; man verstaut sie am besten in offenen Regalen oder in Schränken.

Gemütliche Stunden am Kaminfeuer gehören zu den Höhepunkten des Winters. Wenn Sie einen offenen Kamin besitzen, sollten stets ein paar Scheite und Kienspäne im Haus sein. Verwöhnen Sie Ihre Gäste mit einem gemütlich flackernden Feuer. Bei Kerzenlicht ißt es sich am schönsten und romantischsten. Ich besorge mir immer cremefarbene Kerzen von dem Kerzenzieher einer griechisch-orthodoxen Kirche in der Nähe. Wenn man keinen besonders schönen Kerzenständer zur Hand hat, kann man die Kerzen auf schlichten weißen Tellern befestigen oder sie einfach ohne Untersatz aufstellen.

rechts *Um etwas mehr Farbe ins Speisezimmer zu bringen, bietet sich eine Kombination aus Gelb, Grün und Blau an. Lebhafte Akzente wie blauweiß karierte Raffrollos aus Baumwolle, Sofakissen in Limonengrün und Blau und ein einfacher mattgelber Kronleuchter aus Metall wirken gut vor eierschalenfarbenen Wänden. Das grünkarierte Plastiktischtuch, das es als Meterware in Kaufhäusern gibt, ist eine praktische Lösung für jeden Tag. Frühlingsblumen vom Markt in bemalten Töpfen verströmen einen angenehmen Duft und wirken heiter.*

Entspanntes Wohnen

Selbst Workaholics müssen sich hin und wieder in einen bequemen Sessel sinken lassen und die Füße hochlegen. Es tut gut, sich mit Musik, weichen Kissen und einem behaglichen Feuer zu verwöhnen. Wohnzimmer sollten auf die Bedürfnisse der Bewohner zugeschnitten sein – für Familien mit kleinen Kindern eignen sich eher strapazierfähige Polstermöbel und Stoffe; Singles dagegen, die keine Attacken durch klebrige Finger zu befürchten haben, können sich für eine ganz in Weiß gehaltene Einrichtung entscheiden. Bequemlichkeit und Beschaffenheit der Oberflächen sind für Räume, in denen man Entspannung sucht, wichtig. Verwenden Sie beruhigende Farben, die das Licht nicht schlucken, wie etwa weiche Creme- oder Elfenbeintöne, und matte Anstriche. Kaufen Sie solide, bequeme Polstermöbel und gute Federkissen. Als Bezugsstoffe sind strapazierfähiges creme- oder naturfarbenes Leinen oder dichtgewebte Baumwollstoffe wie Drillich mit Karo- oder Streifenmustern zu empfehlen. Experimentieren Sie mit leuchtenden Farben wie Blau, Grün, Rosa und Orange. Wollstoffe eignen sich für Polstermöbel, weiche Überwürfe und blickdichte Vorhänge. Kerzen und ein flackerndes Kaminfeuer runden die Atmosphäre ab.

THE

Ein Wohnzimmer sollte dazu einladen, sich mit einem guten Buch auf einem Sofa auszustrecken, Musik zu hören, fernzusehen oder sich einfach zurückzulehnen und nachzudenken. Farben und Strukturen sind so wichtig wie Komfort und Wärme.

Die Farben von Vorhängen und losen Überzügen können einen Raum ebenso verändern wie der Anstrich der Wände. Dabei müssen Kissenbezüge, Vorhangfutter und die Bänder Ihrer Lieblingshussen nicht farblich aufeinander abgestimmt sein. Viel interessanter ist es, mit ähnlichen und sich doch voneinander abhebenden Stoffen zu spielen. Ein Beispiel: Hellgrün und weiß karierte Rollos, lose Überzüge in einem dunklen, an Kohl-

rechts *Blau-Weiß wirkt immer frisch: bei gestreiften Kissen, üppigen Raffrollos, losen Bezügen mit zarten Blumenmustern und karierten Tischtüchern aus Baumwolle.*

unten *Auf französischen Ruhebetten aus Metall machen sich mit gestreiftem Drillich überzogene Nackenrollen ebensogut wie schlichte weiße Kissen und Überwürfe.*

Vielseitig sind Blau-, Grün- und Grautöne.
links *Die in Taubenblau gehaltenen Fensterrahmen kontrastieren schön mit den marineblau gestreiften Sofaüberzügen und den verschieden gestreiften Kissen. Die weißen Ziegelwände und der weiße Bretterboden unterstreichen die freundliche Atmosphäre.*
ganz rechts *Die grau gestrichenen Sockelleisten in diesem provenzalischen Wohnzimmer passen zu den cremefarbenen Wänden. Versetzt verlegte alte Terrakottafliesen betonen den ländlichen Charakter.*
rechts *Vor der blaugrünen Wand kommen das weiße Holz, der schlichte Überwurf und der gebohnerte Holzboden richtig zur Geltung.*

blätter erinnerndes Grün sowie Kissenbezüge aus Baumwolle in Limonengrün und mit schmalen blauen und weißen Streifen kontrastieren angenehm mit cremefarbenen Wänden.

Wohnzimmer müssen gemütlich sein; dazu bedarf es vor allem robuster Polsterungen und Bezüge. In der Regel wird man mit einem soliden alten Sofa zufriedener sein als mit einem fabrikneuen leichten Modell vom Fließband. Ich kenne eine geschäftstüchtige Frau, die in ihrer Scheune und anderen Nebengebäuden ihres Bauernhofes alte Sofas aus Herrschaftshäusern und ausrangierte Sessel sammelt und verkauft. Wer sich ein neues Polstermöbelstück leisten möchte, sollte es vor dem Kauf unbedingt testen: Setzen Sie sich zehn

Minuten darauf, lehnen Sie sich zurück (die Sprungfedern dürfen nicht zu spüren sein), lassen Sie sich einige Male in die Polster fallen (die Sitzfläche soll schön fest sein) und heben Sie das Möbelstück hoch (der Rahmen darf nicht zu leicht sein).

Empfehlenswert sind strapazierfähige Bezugsstoffe; zu den besten zählen Leinen und Leinen-Baumwoll-Gemische. Vor einigen Jahren fand ich einen hochwertigen erdfarbenen Leinenstoff, den die Herstellerfirma zu 15 Prozent des ursprünglichen Preises verkaufte, und erstand zehn Meter davon – genug, um ein viktorianisches Polstersofa zu beziehen. Der Stoff hat vielen Partys, Kindern, Hunden und Katzen standgehalten und sieht noch immer gut aus; trotzdem bin ich inzwischen auf der Suche nach einem neuen günstigen Angebot. Lose

Bezüge mit gefalteten, nicht gerüschten Volants, Bändern an der Seite oder mit Knopfreihen und Schleifen an der Rückseite eignen sich besonders gut für die Neugestaltung von Sofas und Stühlen. Schon ein weißes Tuch oder ein karierter Baumwollüberwurf können die Atmosphäre verändern. Das ist auch eine gute Idee, wenn man seinen Polstermöbeln im Sommer einen anderen Look verpassen will.

Doch was nützt ein wunderbar ausgestatteter Raum in den schönsten Farben, wenn es kalt und ungemütlich ist? Ein offenes Feuer bietet optimale Wärme und schafft eine anheimelnde Atmosphäre: Brennende Kastanien- und Apfelbaumscheite verbreiten einen herrlichen Geruch. Ökologisch vernünftig, aber weniger geeignet ist Kohle, die nicht qualmt. Nicht jeder hat einen offenen Kamin oder Lust, sich um ein echtes Feuer zu kümmern, deshalb bevorzugen manche Kamin-Attrappen. Diese spenden zwar weniger Wärme und sehen künstlich aus, sind aber kein schlechter Kompromiß. Fußbodenheizungen sind sehr praktisch, platzsparend und können unansehnliche Heizkörper ersetzen.

links *Die Tontöpfe neben dem Kranz aus Rosmarinzweigen auf dem marmornen Kaminsims bringen einen warmen Ton in das cremefarbene Wohnzimmer dieses georgianischen Londoner Hauses. Der Kelim in blassen Erd- und Ziegelfarben harmoniert mit den Polstermöbeln und Raffrollos.*

ganz links *Ein zusammenklappbares Beistelltischchen leistet immer gute Dienste.*

ganz unten und unten *Mal etwas anderes: drei alte spanische Suppenschalen aus Holz mit Bällchen aus karierten und gestreiften Stoffresten; ein alter dreibeiniger Melkschemel.*

Raffrollos

SIE BRAUCHEN

Kattun
eine Holzleiste (5 cm x 2 cm stark) zum Befestigen des Rollos
2 Winkel
Klettband
Heftmaschine oder Reißnägel
Stecknadeln
Nähnadel
Nähseide
Nähmaschine
Band mit Ringen
eine 3 cm breite dünne Holzleiste
Kunststoffschnur für Rollos/Jalousien
Ösen (je nach Anzahl der Bahnen)
1 kleine Querleiste mit Schrauben

Raffrollos passen in nahezu jeden Raum. Will man selbst welche anfertigen, braucht man nicht viel Stoff. Der besseren Haltbarkeit wegen verwendet man strapazierfähige Stoffe wie schweres Segeltuch, Leinen oder Kattun. Das hier abgebildete cremefarbene Raffrollo ist doppelt genäht, damit es auch von außen gut aussieht.

MASS NEHMEN

1. Raffrollos können entweder über den Fensterrahmen hinausgehen und diesen bedecken oder, wie hier abgebildet, genau in die Fensternische passen.

2. Um die Stoffmenge festzustellen, messen Sie Breite und Höhe des Fensters. Schneiden Sie zwei gleich große Stoffteile zu, die um jeweils 9 cm breiter und 11,5 cm länger sein sollen als das Fenster.

HERSTELLUNG

1. Das Rollo befestigt man mit Hilfe einer Holzleiste, deren Länge der Breite des Fensters entspricht und die man links und rechts mit Winkeln im Fensterstock verschraubt.

2. Es ist einfacher, ein Raffrollo zum Reinigen abzunehmen, wenn es mit Klettband an der Holzleiste befestigt ist. Der rauhe Teil des Klettbandes kann mit Heftklammern oder Reißnägeln angebracht werden.

3. Jetzt die beiden Stoffteile rechts auf rechts zusammenlegen, heften und zunächst die beiden langen, dann eine der beiden kurzen Seiten mit der Nähmaschine zusammennähen. Rechnen Sie etwa 1 cm Nahtzugabe ein. Dann wenden und bügeln.

4. Nun nähen Sie das Band mit den Ringen auf: zuerst rechts und links knapp den Längskanten entlang (der erste Ring soll von der Oberkante 15 cm entfernt sein), dann in Abständen von ca. 30 cm. Achtung: Die Ringe müssen unbedingt auf gleicher Höhe sein.

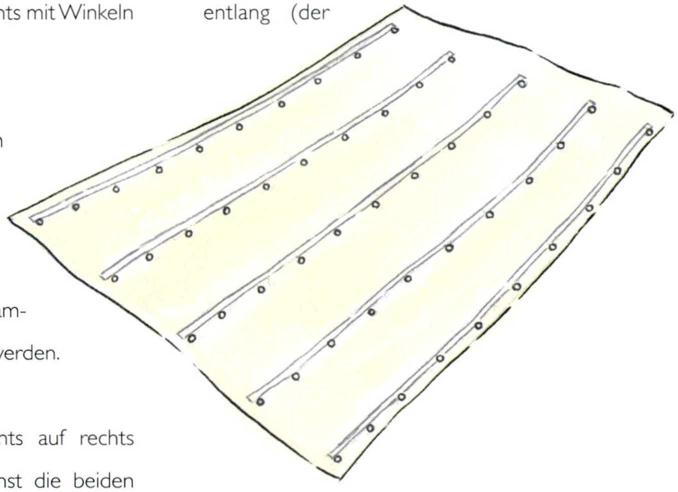

5. Damit das Raffrollo gut fällt, bringt man an der Unterkante eine 3 cm breite Holzleiste an: Den Stoff unten 1 cm umschlagen, bügeln, dann 4 cm umschlagen, bügeln und absteppen. Geben Sie

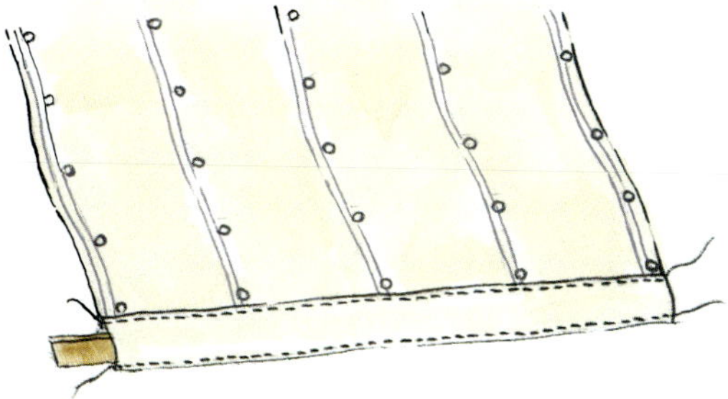

beim Nähen auf die Ringe acht! Jetzt noch die Saumkante knapp absteppen und die Holzleiste einführen. Die Öffnungen an den beiden Enden mit der Hand zunähen.

6. Die obere Kante des Rollos 1 cm umschlagen und bügeln. Dann den anderen Teil des Klettbandes anheften und mit der Maschine feststeppen.

7. Um festzustellen, wieviel Schnur Sie benötigen, rechnen Sie für jede Bahn zweimal die Länge und einmal die Breite des Rollos. Befestigen Sie jeweils ein Ende der Schnur am untersten Ring und fädeln Sie sie dann durch alle Ringe der Bahn.

8. Schrauben Sie über jeder Bahn eine Öse in die Unterkante der oberen Holzleiste. Befestigen Sie das Rollo mit Hilfe des Klettbandes an der Leiste und führen Sie die Schnüre so durch die Ösen, daß diese links außen zusammenlaufen. Die Schnüre auf eine Länge zuschneiden und zusammenknoten.

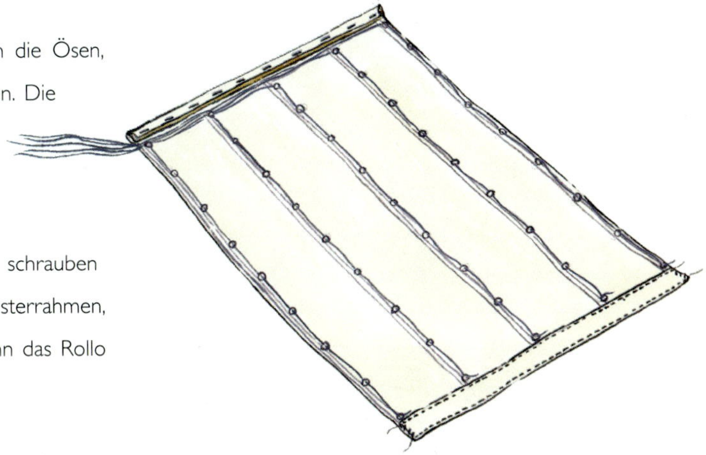

9. Hängen Sie das Raffrollo auf. Dann schrauben Sie eine kleine Querleiste in den Fensterrahmen, um die man die Schnüre wickelt, wenn das Rollo hochgezogen ist.

unten und rechts *Neutrale Weiß- und Cremetöne schaffen eine friedliche Atmosphäre. Mit dem 60er-Jahre-Korbstuhl und dem Spiegel mit Sonnenrad vom Flohmarkt, einfachen Bilderrahmen und zurückhaltender Beleuchtung wurden hier bewußt Akzente gesetzt.*
ganz rechts *Den dezenten Anstrich der Täfelung dieses gemütlichen Raumes in einem traditionellen Schindelhaus auf Long Island bezeichnet der Bewohner in Erinnerung an die Reklame der 50er Jahre als kaugummigrau. Eine grobe Sisalmatte, ein mit Kiefernholz verlegter Boden und naturfarbene Leinenstoffe unterstreichen den frischen und schlichten Eindruck.*

Kissen sorgen für Bequemlichkeit. Sie sollten mit Federn oder Kapok gefüllt sein; Schaumgummi wirkt unansehnlich und klumpig. Die Bezüge müssen groß genug sein, damit die Kissenfüllung genug Platz hat und atmen kann. Schlichte Hüllen mit abgepaspelten oder überstehenden Rändern sind zeitlos; auch einfache Überzüge zum Zubinden sehen gut aus und sind mit der Maschine ganz leicht selber zu nähen. Für Kissenbezüge eignet sich fast jedes Material. Mir gefallen besonders blau-weiß karierte indische Baumwollstoffe, gestreifter Drillich und duftige Baumwollstoffe in leuchtenden sommerlichen Farben. Auch alte Vorhänge, Tischtücher und Stoffreste lassen sich zu Überzügen verarbeiten. Gut zu kombinieren sind zart geblümte Stoffe in Blau, Weiß, Hellrosa und Lavendel mit gestreiften, karierten und einfarbigen Stoffen. Möchten Sie unbedingt einen schönen, aber im ganzen zu teuren geblümten Baumwollstoff verwenden, leisten Sie sich einfach einen halben Meter für ein weiches Kissen für Ihren Lieblingssessel. Das wird Sie kaum mehr als ein Paar neue Schuhe kosten, und Sie werden daran sicher länger Freude haben.

Ein weißer, hochfloriger Spannteppich mag für ein luxuriöses Schlafzimmer geeignet sein, für den Alltag aber sind natürliche Bodenbeläge aus Kokos, Sisal, Seegras, Baumwolle und Wolle praktischer und kostengünstiger. Zur Wärmedämmung kann man auch mehrere Schichten übereinander legen. Am besten eignen sich Matten, die mit Rupfenleinwand oder gewebter Baumwolle eingefaßt sind; das sieht gut aus und verhindert, daß sie ausfransen. Baumwollteppiche sind billig, und die meisten kann man in der Maschine waschen. Da leuchtende Farben auslaufen könnten, sollten solche Teppiche mit der Hand gewaschen werden.

ganz links *Gemütlich und doch modern: Ein Loft mit makellos weißen Wänden, zeitgemäßen Metalleimern und einem schlichten Kerzenleuchter aus Metall. Die losen Überzüge der Polstermöbel sind aus einem Baumwollstoff, der im Ausverkauf ganz günstig zu haben war.*
links *Eine gute Idee: ein hellgrauer Anstrich für zwei Möbelstücke, die ursprünglich nicht zusammenpaßten.*

Ein loser Sofabezug

Man sollte ein altes Sofa, das schon etwas mitgenommen ist, nicht gleich ausrangieren, denn die meisten alten Polstermöbel sind viel solider gebaut als heute gefertigte. Sie komplett restaurieren zu lassen, kann sehr teuer sein – es geht aber auch billig und einfach!

SIE BRAUCHEN

9 m einmal gewaschenen weißen Baumwolldrillich in einer Breite von 150 cm
Stecknadeln
Maßband
Schneiderkreide
Lineal
Nähmaschine

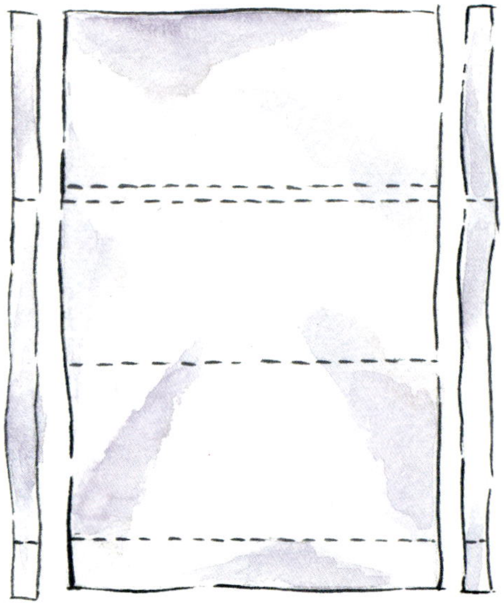

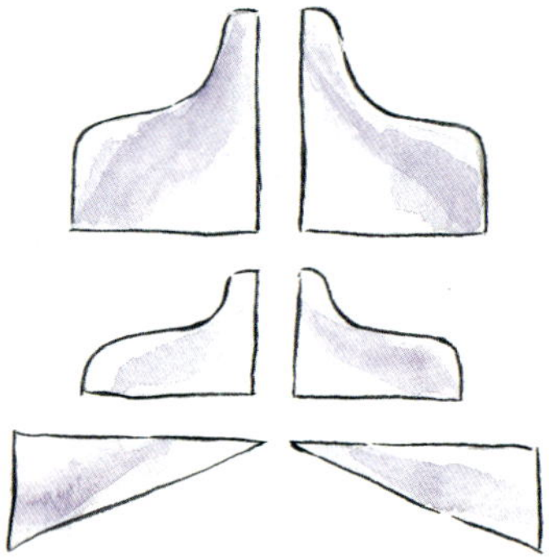

ZUSCHNEIDEN

1. Die Polster entfernen und (siehe Bild) in der Mitte des Sofas vorne und hinten mit Stecknadeln eine Linie abstecken. Diese abmessen und für die Säume je 7,5 cm zugeben. Dann den Stoff in der gesamten Länge zuschneiden.

2. Den Stoff mit der rechten Seite nach innen der Länge nach in der Mitte falten und den Knick mit Schneiderkreide markieren. Den zusammengelegten Stoff mit dem Kreidestrich entlang der mit Stecknadeln markierten Mittellinie des Sofas auflegen, vorne und hinten jeweils 3,5 cm überstehen lassen. Den Stoff ausbreiten, glätten und vorsichtig in alle Ecken schieben. Den Stoff mit Stecknadeln an den Nähten der alten Bespannung befestigen.

3. Für die Armlehnen eines Sofas wie des hier abgebildeten schneidet man zwei entsprechend große Stoffstreifen zu: In der Länge rechnet man wiederum 7,5 cm für die Säume dazu; in der Breite braucht man 3,5 cm als Nahtzugabe. Die Streifen entlang der Sofalehnen anstecken. Mit der Kreide die vordere Kante der Sitzfläche und die Oberkante der Rückenlehne markieren – daran orientiert man sich dann beim Zusammennähen.

4. Um den Stoff für die äußeren Seitenteile der Armlehnen zuzuschneiden, legt man ein in der Mitte gefaltetes Stück Stoff an das Sofa an.

(Aufpassen, daß die Laufrichtung stimmt!) Den Stoff mit mindestens 3 cm Nahtzugabe zuschneiden. Bei den Seitenteilen innen verfährt man ebenso. Nun die vier Teile mit der rechten Seite nach innen entlang der Nähte der alten Bespannung feststekken.

5. Nun wird zwischen den Seitenteilen und dem Rückenteil links und rechts je ein Keil eingenäht, der das Ab- und Überziehen des Bezugs erleichtert.

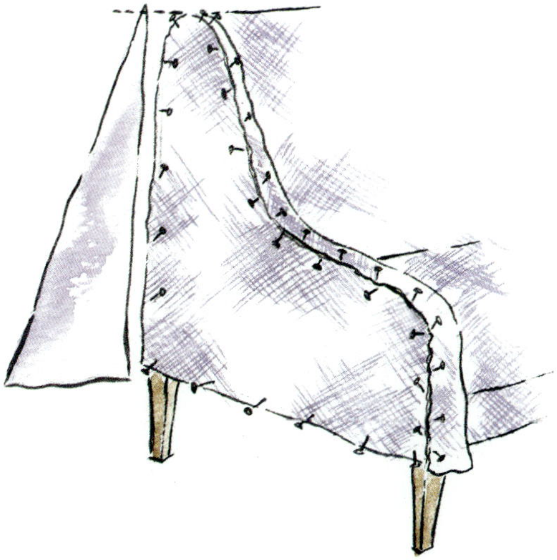

Für die Keile zwei Dreiecke zuschneiden. Ein Keil sollte unten maximal 25 cm breit und ebenso hoch wie die Rückseite des Sofas sein – oben sind 1,5 cm und unten 3 cm Nahtzugabe einzurechnen.

Für das Anbringen der Bänder werden an den langen Seiten der Dreiecke je drei Punkte markiert, die den gleichen Abstand zueinander haben.

6. Jetzt werden alle Nähte an den abgesteckten Linien mit Schneiderkreide nachgezeichnet. Dann

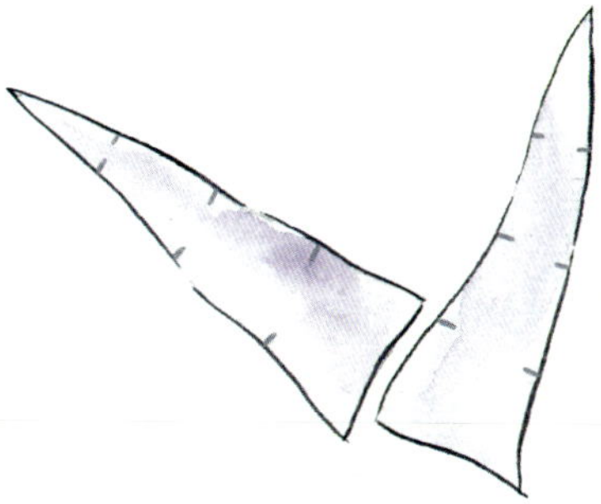

werden die zugeschnittenen Stoffteile durchnumeriert, damit man sie beim Zusammennähen nicht verwechselt. Den Stoff nun sorgfältig lösen und die Kreidelinien mit dem Lineal nachziehen. Die Nahtzugabe überall auf 1,5 cm zurückschneiden.

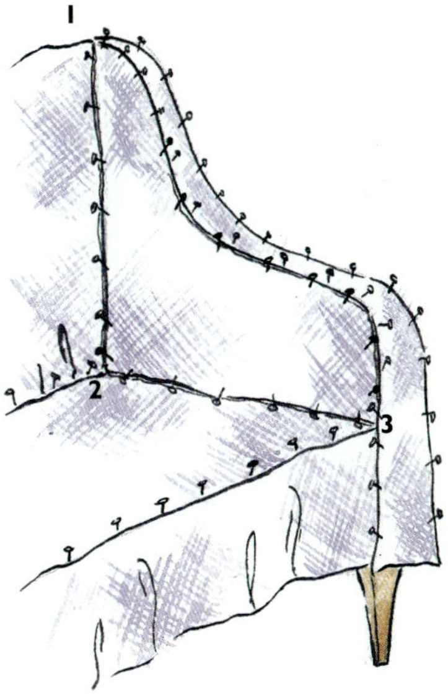

NÄHEN

1. Für die Bänder zwei 100 cm lange und 4 cm breite Streifen zuschneiden. Jeden Streifen in sechs gleich lange Teile schneiden und die Längsseiten und eine Breitseite 0,5 cm einschlagen und bügeln. Mit der linken Seite nach innen Längskante an Längskante legen und knapp absteppen.

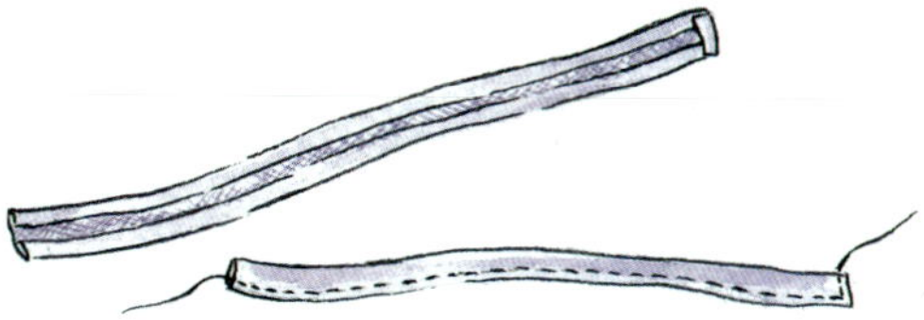

2. Die Bänder an der linken Seite der Keile an den zuvor markierten Punkten feststeppen.

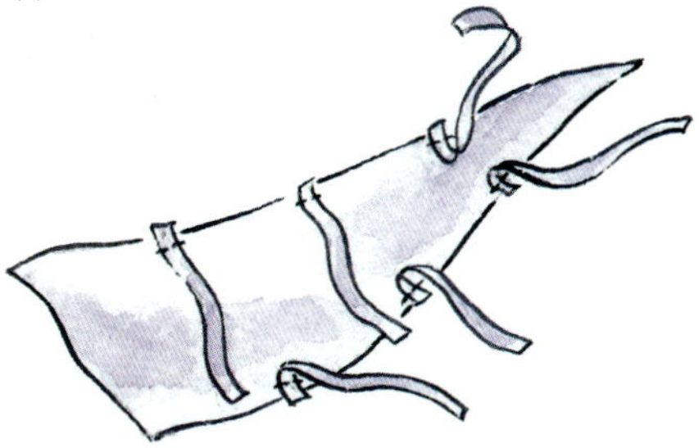

3. Nun die Innenseiten der Armlehnen mit dem Hauptteil des Sofabezuges zusammennähen.

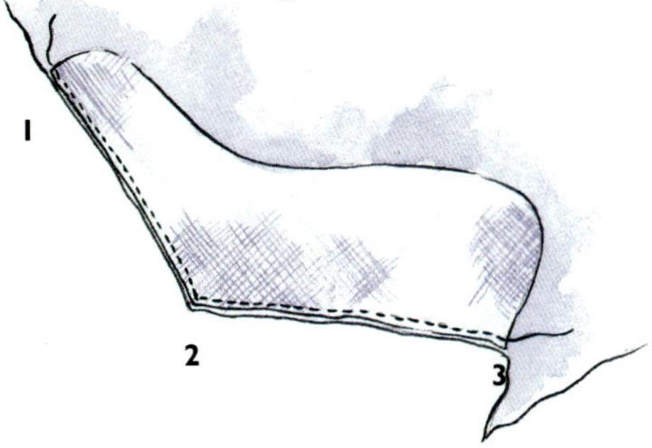

4. Jetzt die Stoffstreifen für die Armlehnen mit den Innenseiten der Armlehnen und dem Hauptteil des Sofabezuges zusammennähen.

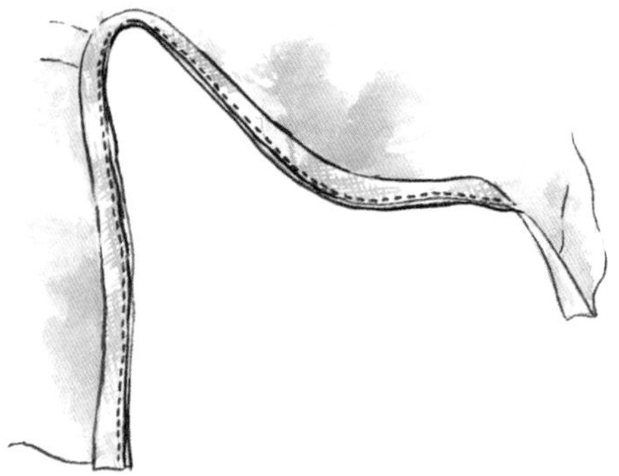

5. Als nächstes müssen die Außenseiten der Armlehnen, und zwar rechts auf rechts, an den Stoffstreifen für die Armlehnen des Sofas festgenäht werden – allerdings nur bis zur Oberkante der Rückenlehne, weil ja später der Keil noch eingefügt wird.

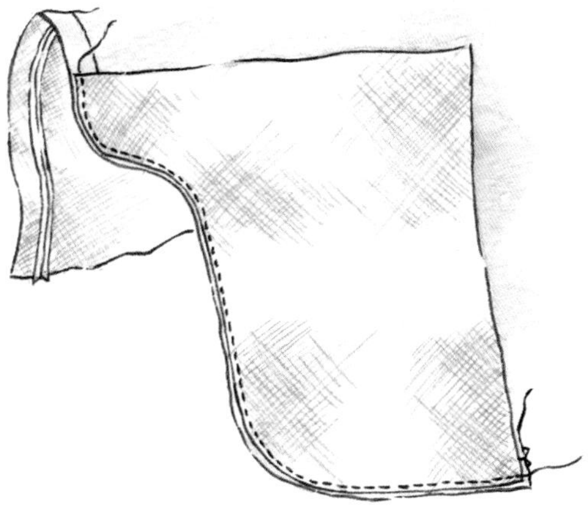

Jetzt sieht der Überzug so aus wie rechts abgebildet: Hinten ist der Bezug noch offen, weil die Keile mit den Bändern fehlen.

6. Nun werden die Keile mit den noch offenen Seiten der Rückseite der Armlehnen zusammengenäht.

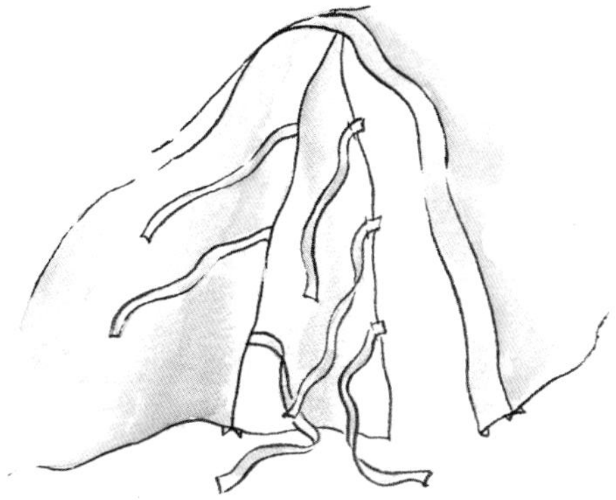

7. Den Überzug über das Sofa ziehen, um festzustellen, ob er gut sitzt und ob die Länge stimmt. Die Keile lassen einen gewissen Spielraum. Falls etwas nicht ganz stimmt, jetzt korrigieren! Den Überzug abnehmen, die Nähte säubern und unten säumen: zunächst 0,5 cm und dann nochmals 1,5 cm einschlagen, bügeln und absteppen.

ANFERTIGEN DER POLSTER

1. Hier sind die Polster je 69 x 61 x 10 cm groß. Für die Sitzflächen der Polsterüberzüge schneidet man vier 72 cm lange und 64 cm breite Teile zu.

2. Für die Seitenstreifen schneidet man zwei Teile à 194 cm x 13 cm und für die rückwärtigen zwei weitere Teile à 72 cm x 16 cm zu, die man der Länge nach halbiert.

3. Nun näht man für jedes Kissen sechs Bänder. Dann markiert man an den rückwärtigen Seitenstreifen, wo die Bänder befestigt werden sollen, drei Punkte. Für die Öffnungskanten schlägt man die Längsseiten 0,5 cm und dann 1 cm ein, dann bügeln. Die Bänder in Position bringen und die Öffnungskanten knapp absteppen.

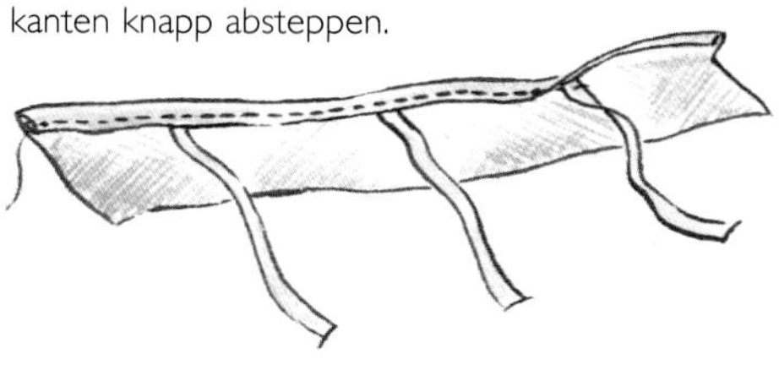

4. Jeweils die gesäumten Kanten der beiden Teile der Rückenstreifen aneinanderlegen und diese mit einer Nahtzugabe von 1 cm mit dem Seitenstreifen zusammennähen.

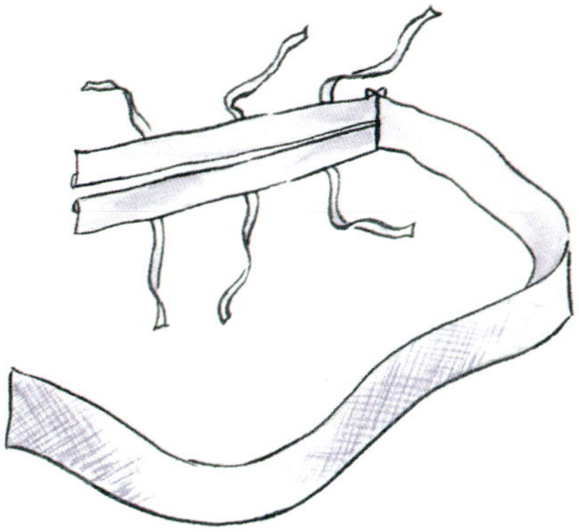

5. An den Seitenstreifen die Ecken markieren und die Ober- und Unterteile des Bezuges entsprechend feststecken, heften und zusammennähen, auch hier wieder mit 1 cm Nahtzugabe.

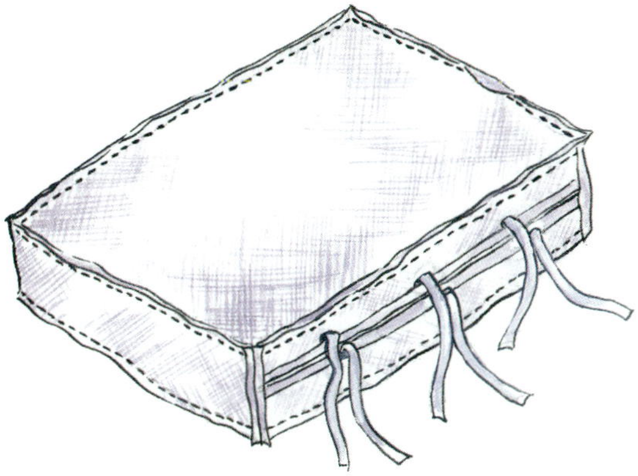

6. Nähte säubern, Bezug wenden, Bänder herausziehen und die Polster in die Überzüge stecken.

Bestimmte Oberflächenstrukturen helfen, Stil und Atmosphäre eines Raums zu bestimmen. Für Wohnzimmer in Landhäusern etwa eignen sich grobe Überwürfe aus Wollstoffe, Holzfußböden, strapazierfähige Sisalmatten und handgeflochtene Holzkörbe. In modernen Räumen hingegen sollte mit sanften Materialien gearbeitet werden, wie mit Überzügen aus weißem Baumwollstoff, die sich nicht nur zu hellen Holzböden gut machen, sondern auch Stühlen, die nicht zusammenpassen, ein einheitliches Aussehen verleihen. Zink und Aluminium bei Lampen und Tischoberflächen unterstreichen das Zeitgemäße eines Raums noch.

Obwohl man für Vorhänge große Mengen Stoff braucht, muß das nicht gleich ein Vermögen kosten. Zum Aufhängen

links *Bequem und praktisch: Sitzgelegenheiten im Wohnbereich, die mit robustem Drillich oder Kattun überzogen sind.*

unten *Ein kleines Büro mit den wichtigsten Dingen: einer Schreibtischplatte auf Böcken, einem Aktenschrank, bunten Kartons und einer Arbeitsleuchte im Stil der 20er Jahre.*

rechts *Frisch und luftig: Cremefarbene Vorhänge aus Leinen mit einer dekorativen Rüsche. Die Holzstange und die Ringe wurden im gleichen Ton gestrichen, um einen einheitlichen Effekt zu erzielen.*

Einfache Formen und einfarbige Stoffe für leichte und luftige Vorhanglösungen.
oben *Helle, am Boden aufliegende Baumwollvorhänge, die mit Ringen an einer schlichten Metallstange befestigt sind.*
rechts *Ein Vorhang aus Segeltuch, der mit Haken und Ösen am Fensterrahmen befestigt ist.*

verwendet man einfach Bänder oder Schlaufen. Sehr zu empfehlen sind starke Baumwoll- und Leinenstoffe. Wenn man im Großhandel zehn oder mehr Meter eines Stoffes kauft, bekommt man meist Rabatt. Werden Vorhänge gefüttert, fallen sie schöner und gewähren einen besseren Lichtschutz. Durch ein Zwischenfutter wird ein Vorhang noch dichter: Dafür eignet sich ein dicker, deckenartiger Stoff oder eine Art Flanell. Raff- und Sprungrollos sorgen für zusätzlichen Wärme- und Sonnenschutz (siehe Anleitung auf S. 100–101). Rollos eignen sich für fast alle Fensterformen. Ungefütterte Vorhänge aus luftigen Geweben wie Musselin und Organza sind preisgünstig und schön. In einem Land mit heißen Sommern und kalten Wintern sollte man zwei Vorhanggarnituren zum Wechseln haben: dünnere für den Sommer und wärmere für den Winter. Um einen einheitlichen Eindruck zu erzielen, werden die Gardinenstangen im Ton der Wände gestrichen. Besonders kostengünstig sind Holzstangen aus dem Baumarkt, die man entsprechend zuschneiden läßt und streicht sowie elastischer Draht, der sich vor allem für kleine Fenster eignet und in jeder Eisenwarenhandlung zu bekommen ist.

Duftmischungen

Gekaufte Duftmischungen aus Holzspänen und getrockneten Blumen duften meist nicht halb so gut wie selbstgemachte. Es ist ganz einfach, Blütenblätter, Kräuter und Zitrusfruchtscheiben und -schalen zu trocknen. Damit die Mischung gut riecht, verwendet man ein paar Tropfen eines angenehm duftenden Öls mit Veilchenwurzelpulver oder Gewürznelken. In Kräuterläden und Spezialgeschäften gibt es auch fertige Ölmischungen. Bücher zum Thema bieten auf den persönlichen Geschmack zugeschnittene Varianten.

SIE BRAUCHEN

eine Porzellanschüssel zum Mischen
einen Verschluß oder Deckel für die Schüssel
einen Holzlöffel

SOMMERBLUMEN-DUFTMISCHUNG

125 g Lavendelblüten und -stengel, Nelken-, Rittersporn-, Rosen-, Hortensien- und andere Blüten von Gartenblumen, an die man herankommt
15 g Veilchenwurzelpulver
20 Tropfen Geranienöl

KRÄUTER-DUFTMISCHUNG

50 g Lorbeerblätter
50 g etwa 15 cm lange Rosmarinzweige
15 g Gewürznelken im ganzen
20 Tropfen Rosmarinöl

ORANGEN- UND ZITRONEN-DUFTMISCHUNG

0,5 kg Orangen
0,5 kg Zitronen
8 ganze Clementinen
25 Tropfen Orangenöl

SOMMERBLUMEN-DUFTMISCHUNG

Meine Mutter sammelt alle Blütenblätter und Blumenköpfe, die sie im Sommer in ihrem Garten findet. Die verbleichenden Farben erinnern an einen altmodischen Landgarten, und es ist wunderschön, in den Wintermonaten etwas zu haben, was an die Blumenbeete und Hecken im Sommer erinnert.

ANLEITUNG

1. Man legt ein paar Blätter Zeitungspapier auf ein Tablett und breitet die Blumen, Stengel und Blütenblätter so aus, daß sie nicht übereinanderliegen. Dann stellt man das Tablett in einen luftdurchlässigen Schrank oder an einen anderen warmen Ort.

2. Die verschiedenen gut getrockneten Blütenblätter mischt man vorsichtig in der Porzellanschüssel mit dem Veilchenwurzelpulver. Verwenden Sie dafür einen Holzlöffel. Fügen Sie dann das Öl hinzu und rühren Sie erneut um. Die Schüssel zugedeckt vier Wochen lang stehenlassen, damit sich die Düfte entfalten können. Erst dann kommt die Mischung in die dafür vorbereiteten Behälter.

KRÄUTER-DUFTMISCHUNG

Die schlammigen Grüntöne dieser aromatischen Mischung sehen in weißen Schüsseln besonders schön aus. Die Lorbeerblätter riechen sogar getrocknet noch ziemlich frisch, und durch das Rosmarinöl entfaltet sich das Aroma.

ANLEITUNG

1. Die Lorbeerblätter und Rosmarinzweige auf einem mit Zeitungspapier ausgelegten Tablett in einem luftdurchlässigen Schrank oder an einem anderen warmen Ort trocknen lassen.

2. Die Kräuter werden in der Schüssel gemischt, Rosmarinöl hinzugefügt, nochmals umgerührt. Die Mischung vier Wochen verschlossen stehen lassen.

ORANGEN- UND ZITRONEN-DUFTMISCHUNG

Mit Orangenöl beträufelte getrocknete Zitrusfruchtspalten duften erdig und natürlich.

ANLEITUNG

1. Die Orangen und Zitronen schälen, die Schalen aufbewahren. Die Früchte in hauchdünne Scheiben schneiden. Die Clementinen bleiben ganz: Schalen vorsichtig einschneiden. Alles auf Zeitungspapier legen und in einem luftdurchlässigen Schrank oder an einem anderen warmen Ort gut trocknen lassen.

2. Die Fruchtscheiben und Clementinen in der Schüssel mit dem Holzlöffel mischen. Das Orangenöl hinzufügen, umrühren. Mindestens vier Wochen verschlossen stehen lassen; dann in Behälter legen. Flache Schüsseln eignen sich am besten, weil man die Fruchtscheiben darin schön arrangieren kann.

Stilvoll schlafen

Da wir einen so großen Teil unseres Lebens im Bett verbringen, sollte Schlafen ein angenehmes und luxuriöses Erlebnis sein. Sind in kalten Winternächten frische weiße Bettwäsche und warme Wolldecken eine Wohltat, reicht im Sommer meist ein leichtes Leintuch aus Baumwolle, durch das man die kühle Nachtluft spürt. Schlafzimmer sollten Oasen der Ruhe sein, in denen einen nichts stört. Man braucht allerdings genügend Schränke, Kisten und Stauraum, um Kleidung und andere Dinge unterbringen zu können. Ein besonderer Luxus ist eine geräumige begehbare Garderobe. Doch auch in alten Wäschekörben, großen Holzkisten und sogar in alten Schuhkartons, die man bemalen oder zum Beispiel auch mit Stoff bespannen kann, läßt sich so einiges verstauen. Duftige Musselinvorhänge, schlichte Kattunrollos und feine Baumwollpyjamas – die Stoffe im Schlafbereich sollten weich und einladend sein. Tagsüber legt man flauschige Wolldecken in Creme- und Blautönen oder alte Quilts mit hübschen Blumenmustern übers Bett. Für Kopfkissen und Bettdecken sollte man ein bißchen mehr ausgeben: Entscheiden Sie sich für weiche Gänsedaunen-Füllungen und gut gefederte Matratzen.

Ein Schlafzimmer ist ein Zufluchtsort. Hier kann man sich von der Arbeit und von anderen Menschen erholen. Man kuschelt sich in ein frisch bezogenes Bett, schmökert in einem guten Buch und nimmt sich etwas zu trinken und eine Tafel Schokolade mit. Es empfiehlt sich, luxuriöse, weiche und warme Stoffe zu wählen. Die Anstrengungen des Tages sind vergessen, sobald man sich zwischen Laken aus weißer Baumwolle ausstreckt und sich unter einer weichen Decke zusammenrollt. Bei der Wahl des Bettes sollte man sich Zeit nehmen und nicht zu sparsam sein.

Bei Betten gibt es für jeden Geschmack entsprechende Ausführungen. Für Schlafzimmer, die sich tagsüber in ein Wohn- oder Arbeitszimmer verwandeln müssen, bietet sich ein Diwan an, den man als Bett herrichten kann.

Für Komfort im Schlafzimmer sorgen frisch gewaschene Laken und warme Wolldecken. Stöbern Sie auf Flohmärkten und in Trödelläden nach alter Bettwäsche: die Qualität ist oft besser als bei moderner Ware. Es zahlt sich aus, nach Tagesdecken aus Damast und bestickten Kopfkissenüberzügen aus Leinen zu suchen. Traditionelle Betten aus Messing oder weiß lackiertem Eisen wirken besonders gut. Sparsam möbliert wird das Schlafzimmer zu einer Oase der Ruhe.

Hussen für Metallstühle

Einfachen Metallstühle kann man mit weißer Farbe und Hussen ein ganz neues Gesicht geben. Bei dem hier gezeigten Beispiel zeichnet der Überzug die Form des Stuhls nach. An der rückwärtigen Naht kann man zusätzlich eine Reihe von Knöpfen annähen, die sich vom Stoff abheben.

SIE BRAUCHEN

Metallstuhl
Maßband
Kopierpapier
Bleistift und Kugelschreiber
Stecknadeln
Schere
gestreifter Baumwollstoff
Nähnadel
Nähseide
Nähmaschine

ANLEITUNG

1. Zuerst werden die drei Teile des Stuhls vermessen: die Sitzfläche (A), die Vorderseite der Lehne (B), die Rückseite der Lehne (C). Dann überträgt man die Maße von A, B und C auf das Kopierpapier und schneidet die drei Teile aus; C wird der Länge nach halbiert. Auf A wird die Position der beiden hinteren Beine mit zwei Kreuzen und die vordere Mitte mit einem Pfeil markiert. Nun müssen die vier Teile auf den Stoff übertragen und zugeschnitten werden. An allen Seiten 1,5 cm Nahtzugabe lassen und auf die Laufrichtung der Streifen achten.

2. Vordere Rüsche: Um zu bestimmen, wieviel Stoff man für die vordere Rüsche braucht, mißt man an

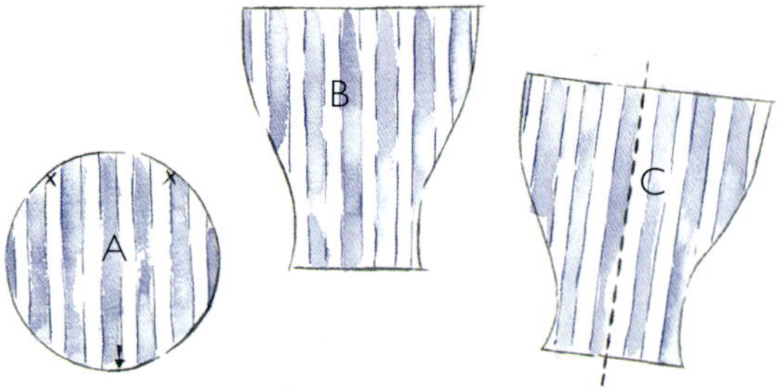

der Sitzfläche entlang den Abstand zwischen den beiden hinteren Beinen und multipliziert diesen mit drei.

3. Nun braucht man einen 15 cm breiten Streifen (plus Nahtzugabe) in dieser Länge. Die Unterkante und die Seiten zweimal umschlagen, bügeln, heften und knapp absteppen. Die Mitte des Streifens an der Oberkante mit einem Pfeil markieren. Dann den Streifen mit einer sich farblich abhebenden Nähseide so krausen, bis die Rüsche der anfangs gemessenen Länge entspricht.

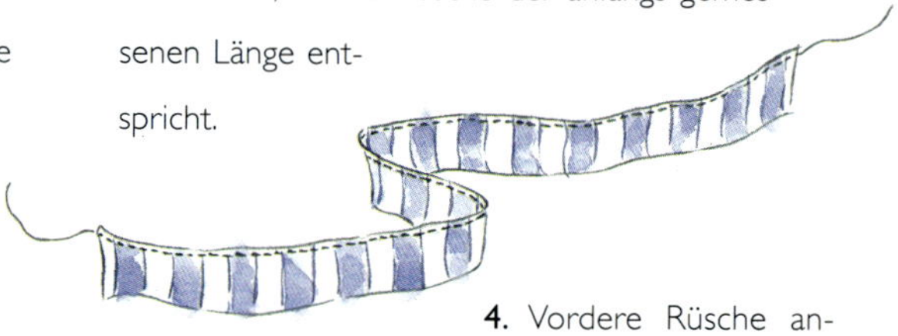

4. Vordere Rüsche annähen: Den Pfeil des gekrausten Streifens an den Pfeil von Teil A legen; die Rüsche rechts auf rechts an Teil A feststecken, anheften und zusammennähen.

5. Die Bänder: Zunächst zwei 2,5 cm breite und 17 cm lange Stoffstreifen zuschneiden. Jeden Streifen der Länge nach rechts auf rechts zusammenfalten. Der Länge und einmal der Breite nach zusammennähen, dann wenden und mit der Hand sorgfältig zunähen, bügeln. Die fertigen Bänder sollten etwa 1,25 cm breit sein. Desweiteren näht man zwei etwas kürzere Bänder mit einer Breite von 2,5 cm.

6. Die beiden längeren Bänder werden nun in der Mitte bei den auf Teil A markierten Kreuzen aufgenäht.

7. Die beiden Hälften von C rechts auf rechts zusammenlegen, das obere Drittel der Öffnung in der Mitte zunähen. Die zwei offenen Kanten säumen. B und C rechts auf rechts aufeinanderlegen. An den Seiten und oben feststecken, heften und zusammennähen. Dann wenden.

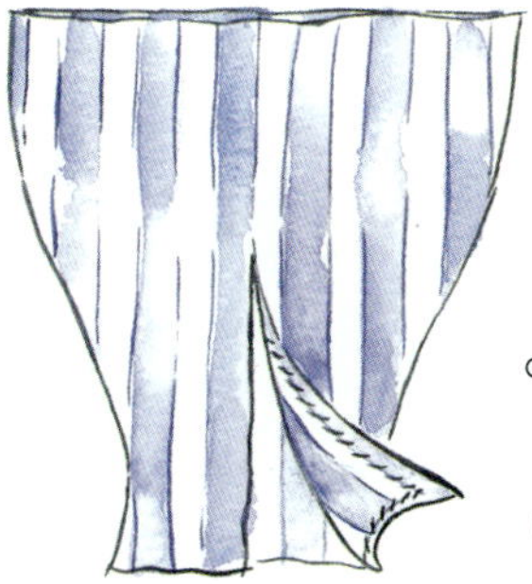

8. Rückwärtige Rüschen: Einen 15 cm breiten Streifen (plus Nahtzugabe) zuschneiden, der dreimal so lang ist wie der Abstand zwischen den hinteren Beinen. Den Streifen halbieren. Unter- und Seitenkanten einschlagen, heften und knapp absteppen.

9. Oberkanten krausen und rechts auf rechts an den Unterkanten von C festnähen. Die beiden kürzeren Bänder an den Unterkanten von C festnähen.

10. Unterkante von Teil B und Rückseite von Teil A rechts auf rechts feststecken, heften, zusammennähen. Husse bügeln und über dem Stuhl festbinden.

unten *Die grau gestrichenen Türen, das schlichte Nachttischchen, die dezent karierte Wolldecke und die gelben Narzissen beleben das durch weiße Wände und weiße Bettwäsche neutral wirkende Schlafzimmer dieses gemütlichen provenzalischen Landhauses.*

rechts *Leuchtende Blautöne bringen Strandatmosphäre in dieses Schlafzimmer. Blau-weiße Patchwork-Decken, gestreifte Kissenbezüge und weiße Wände betonen das lichte Ambiente. Das Matrosenhemd an der Wand gibt dem Raum etwas Fröhliches.*

Ich mag helle und luftige Schlafzimmer in Weiß und Creme – Räume, die das ganze Jahr über heiter wirken. Dunkelgrün oder Dunkelrot mögen so manchem behagen, aber an einem düsteren Wintermorgen inmitten solcher Farben wach zu werden, kann auch deprimieren. Schlafzimmer sollten bequeme, Optimismus ausstrahlende Räume sein, in denen es genug zum Lesen, warmes Licht, eine Sitzgelegenheit und vielleicht eine Vase mit Blumen gibt.

Weiße Bettwäsche ist an Schlichtheit kaum zu übertreffen. Möchte man mutige Farbakzente setzen, orientiert man sich am besten an dem gerade aktuellen Trend und entscheidet sich für Tomatenrot, Limonengrün, Fuchsienrosa oder Zitronengelb. Bettwäsche in diesen Farben kommt vor allem in südlichen Gegenden mit starkem Licht hervorragend zur Geltung. Was die Design-Szene angeht, dürfte es mit dem englischen Landhausstil und seinen verspielten Blumenmustern endlich vorbei sein. Die Industrie aber wird noch nicht müde, Wäsche mit Rüschen und Blumenmustern herzustellen, die Betten wie Bonbonschachteln aussehen lassen. Richtig eingesetzt, wirken natürlich auch Blumenmuster gut: Man denke etwa an ein in Lavendeltönen gehaltenes Schlafzimmer in einem Landhaus. Sie können einfache zart mit Rosenknospen gemusterte Kopfkissenbezüge nähen (beachten Sie, daß Kleiderstoffe oft viel schönere Blumenmuster haben als Stoffe, die in Einrichtungshäusern angeboten werden) und diese mit weißen Laken und Kopfkissenbezügen und einer alten ausgeblichenen geblümten Patchwork-Decke kombinieren. Für Vorhänge empfehlen sich einfärbige Baumwollstoffe; die Wände streicht man weiß, und auf den Boden kommen preiswerte Baumwollteppiche in neutralen Farben. So erzielt man ein harmonisches Gesamtbild, das weder übertrieben noch zu bieder wirkt.

links *Ein romantisches Mahagonibett, das sich für schöne alte Bettwäsche geradezu anbietet. Ein zartes, von der Decke hängendes Moskitonetz ist ebenso funktional wie dekorativ.*

rechts *Aufgrund ihrer Oberflächenstruktur und Farbe kontrastieren in dieser Wohnung der polierte Holzboden und die Bugholzstühle reizvoll mit den Cremetönen der Wände und der Bettwäsche.*

Von klein auf mußte ich selbst mein Bett machen. Vielleicht glaube ich deshalb, daß ein ordentlich aufgeräumtes Schlafzimmer hilft, den Schwierigkeiten und dem Durcheinander des Alltags zu begegnen. Ordnung erfordert allerdings genügend Stauraum. Ideal sind hinter Türen versteckte Regale, die an der ganzen Wand entlanglaufen: Hier bringt man Kleider, Hüte, Schuhe, Taschen, Koffer usw. unter. Einzelne Schränke können zwar nützlich sein, sie sind aber nicht sehr praktisch, wenn nicht ausreichend Platz vorhanden ist. Eine Nische läßt sich recht preisgünstig mit einem Vorhang aus Kattun oder Leinen oder mit einer alten Tagesdecke abteilen. Man verbringt zwar ein paar Stunden hinter der Nähmaschine, mit dem Ergebnis wird man aber zufrieden sein. Kleinere Kleidungsstücke und Bettwäsche finden in

Kommoden ebenso Platz wie in alten Schrankkoffern, großen eckigen Waschkörben und modern aussehenden Kisten aus Zink.

Bettgestelle lassen sich auf verschiedenste Art dekorieren. Ein lackiertes hölzernes Himmelbett im Shakerstil kann man etwa mit Vorhängen, Querbehängen aus Musselin oder Leinen verschönern oder man beläßt sie so, wie sie sind. Solche Betten gibt es bereits recht günstig zum Selberzusammenbauen. Metallene französische Ruhebetten aus dem 19. Jahrhundert eignen sich hervorragend für Wohnschlafzimmer – mit Drillich überzogene Nackenrollen und Kissen verleihen ihnen einen besonderen Charme; man findet sie bei Altwarenhändlern, die auf französische Möbel spezialisiert sind. Für eine Familie mit Kindern bieten sich Etagenbetten aus Kiefernholz an, die man in jedem Einrichtungshaus bekommt. Sie sind preisgünstig und lassen sich mit wenig Farbe individuell gestalten.

Wer gerne gut schläft, weiß, wie wichtig eine hochwertige Matratze ist. Optimal sind handgemachte solide Federkernmatratzen mit Lagen von Federn, Schafwolle und Baum-

rechts *Die matt gestrichene Täfelung, das im Ton der Wände lackierte Bett, der Holzboden und die schlichte Einrichtung rufen in diesem georgianischen Stadthaus eine ländliche Stimmung hervor. Eine alte Patchwork-Decke mit lavendelfarbenen Streifen und rosa geblümte Kopfkissen aus Batist beleben den Raum.*

links *Kräftig leuchtende Farben wirken besonders gut, wenn es heiß wird! Experimentieren Sie mit luftigen Baumwollstoffen in starken Blau-, Grün-, Gelb-, Pink- und Orangetönen. Steigen die Temperaturen, Fenster auf! Ein duftiger Musselinvorhang und Steinfliesen vermitteln ein Gefühl der Kühle.*

wollfilz, die in der gewünschten Größe angefertigt werden. Die besten Kissen sind mit einer Mischung aus Entendaunen und -federn oder einfach nur mit Gänsefedern gefüllt. Für Allergiker gibt es spezielle Kissen mit Schweineborsten und Rinderhaar zu kaufen. Im Hinblick auf mehr Komfort und auf längere Haltbarkeit zahlt es sich aus, für sein Bett etwas mehr Geld auszugeben.

Täglich frisch gewaschene und gebügelte Bettwäsche aus Leinen – das wäre mein Traum. Doch bis dieser in Erfüllung geht, muß ich mich mit Leintüchern und Überzügen aus Baumwollstoff begnügen. Die weichsten Laken, die ich habe, sind aus ägyptischer Baumwolle und noch immer nicht durchgescheuert, obwohl ich sie schon vor Jahren gekauft habe. Ich liebe auch alte Bettwäsche und besitze mehrere viktorianische Kopfkissenbezüge mit Spitzen aus Leinen oder Baumwolle und verschiedene Laken aus Leinen, die mir Verwandte vererbt haben oder die ich bei Trödlern oder auf Flohmärkten erstanden habe. Laken aus reinem Leinen sind zwar sehr teuer und brauchen besondere Pflege, man hat sie aber ein Leben lang. Wenn man Leinen kauft, sollte es sich fest anfühlen. Moderne Fabrikate sind übrigens wesentlich leichter zu bügeln als alte.

Viele Menschen bevorzugen Federbetten, doch auch eine Kombination aus Leintüchern und Decken wird wieder beliebter. Das Praktische daran ist, daß man je nach Temperatur variieren kann. Im Sommer zum Beispiel genügt meist eine Baumwolldecke und ein Laken, und wenn es plötzlich kalt wird, verwendet man eine mit Satin eingefaßte Wolldecke.

unten *Beliebt und natürlich platzsparend sind Etagenbetten für Kinderzimmer. Ein matter grauer Anstrich läßt selbst ein einfaches Gestell aus Kiefernholz richtiggehend modern aussehen.*

Im Bad

Wenn ich morgens munter werden und den Kreislauf in Schwung bringen will, stelle ich mich unter die Dusche oder wasche mich einfach mit heißem Wasser. Am Abend kann ich oft stundenlang in der Badewanne liegen und Radio hören – als besondere Belohnung gönne ich mir sogar manchmal mitten am Nachmittag dieses Vergnügen. Auch wenn das Wasser in Badewannen aus Gußeisen vielleicht schneller abkühlt, kann man sich in ihnen am besten entspannen. Nichts geht über duftendes Badeöl oder cremigen Seifenschaum. Um Seife und Waschlappen, aber auch Lesestoff in Reichweite zu haben, kann man ein schlichtes Holzgestell verwenden. Auch Schwämme und Bürsten zum Abschrubben gehören in jedes Badezimmer. Flauschige Handtücher in Weiß, Meerblau und leuchtenden frühlingshaften Grüntönen machen die täglichen Waschrituale zu einer Freude. Auch Frotteebademäntel haben etwas für sich – je größer der Mantel, um so kuscheliger. Man sollte bei Duschen darauf achten, daß der Wasserdruck stark genug ist und die Armaturen den Anforderungen entsprechen. Naßräume müssen stets gut gelüftet werden, damit der Dampf abzieht; und auf Matten und Lattenrosten bleiben die Füße im Bad schön trocken.

Ein Vollbad, eine Dusche oder nur ein paar Tropfen Wasser ins Gesicht gespritzt – und schon fühlt man sich wieder frisch und kann den Alltagsstreß leichter bewältigen. Wie das Essen kann auch die Körperpflege zu einem herrlich sinnlichen Ritual werden: ob man sich nun an einem heißen Sommertag draußen mit kaltem Wasser kurz abduscht oder sich an einem dunklen, eisigen Winterabend genüßlich in einer Wanne mit heißem, dampfenden Wasser rekelt. Für mich ist am wichtigsten, daß ich im Badezimmer immer reichlich heißes Wasser habe. Auch Seifen und Lotions gehören für mich in ein Badezimmer. Am liebsten mag ich nach Rosenwasser riechende Seife und Schaumbäder, die nach Rosen und Geranien duften. Wenn mir nach einem schwereren Aroma zumute ist, verwende ich eine würzige Seife.

In Weiß gehaltene Badezimmer mit weißen Wänden, weißen Keramikfliesen, weißen Wannen und Waschbecken wirken besonders hell und freundlich. Flauschige große Badetücher und Wäschebeutel aus grober Baumwolle gehören ebenso dazu wie Spiegel und Schränkchen.

Badezimmerschränkchen

Einem einfachen Schränkchen kann man mit einem frischen Anstrich und einem Stück Maschendraht ein völlig neues Gesicht geben.

SIE BRAUCHEN

Wandschränkchen
Hammer
Spiritus
Stahlwolle
feines Schmirgelpapier
Grundierfarbe
Lack
Pinsel (2,5 cm breit)
Maschendraht
Drahtschere
Heftmaschine oder Krampen

ANLEITUNG

1. Man wählt ein Schränkchen, dessen Türfüllung aus einem einzigen Brett besteht. Handelt es sich um ein älteres Stück, sollte man sich vergewissern, daß der Rahmen und die Scharniere in Ordnung sind. Die Befestigung der Türfüllung an der Innenseite entfernen und dann das Brett mit einem Hammer vorsichtig herausschlagen, ohne den Rahmen zu beschädigen. Ist ein Spiegel oder ein Glas eingesetzt, entfernt man diese, indem man die Stifte löst.

2. Bevor man das Schränkchen lackiert, muß seine Oberfläche behandelt werden. Wenn das Schränkchen mit Wachs eingelassen ist, entfernt man die Wachsschicht mit Spiritus und Stahlwolle. Nie gegen die Maserung arbeiten! Wurde das Schränkchen schon einmal gestrichen, braucht man es nur zu waschen und abzuschmirgeln. Blättert der alte Lack bereits ab, entfernt man ihn am besten.

3. Das Schränkchen grundieren und zweimal streichen. Vor jedem Durchgang mit feinem Sandpapier abschmirgeln, damit alle Oberflächen ganz glatt werden.

Das Schränkchen sollte auch innen sorgfältig lakkiert werden, weil man ja durch den Maschendraht sehen wird. Gut sieht es auch aus, wenn die Einlegebretter in einem anderen Ton gestrichen sind.

4. Den Maschendraht zuschneiden und mit einer Heftmaschine oder mit Krampen an der Innenseite der Tür befestigen.

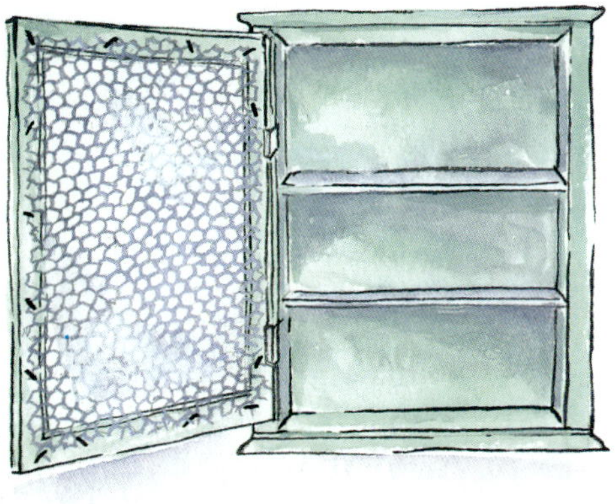

rechts *In den 40er Jahren waren Badezimmer meist kalte, feuchte Räume mit Linoleumböden und Gasboilern, die einem nur ab und zu heißes Wasser gönnten. Dieses in Hellgrün und Weiß gehaltene Badezimmer erinnert vielleicht von seiner Atmosphäre her an diese Zeit, ist aber nicht nur gemütlich und gut geheizt, sondern bietet auch genügend heißes Wasser. Die Ausstattung ist schlicht und praktisch: eine massive gußeiserne Wanne mit Füßen, ein einfaches Wandschränkchen mit einem Spiegel und ein Hocker, auf dem man etwas abstellen kann. Wer sein Bad in diesem Stil gestalten will, sucht am besten bei Altwarenhändlern und auf Flohmärkten nach Emailkrügen, alten Tischchen mit einer Kunststoffplatte, Metalleimern, Arzneischränkchen oder Lattenrosten.*

Ich trockne meine großen weißen Badetücher und meine Flickenteppiche, die ich als Badezimmermatten verwende, auf einer beheizbaren Handtuchstange aus Chrom im Stil der 30er Jahre. Nach dem Waschen hülle ich mich in einen weißen Bademantel aus Waffelstoff; so ein Mantel ist teuer, aber sein Geld wert, wenn man sich täglich verwöhnen will.

Wenn man sein Badezimmer einrichtet, sollte man sowohl ästhetischen als auch praktischen Gesichtspunkten folgen. Alte gußeiserne Badewannen mit Füßen sind sehr schwer, so daß der Boden so beschaffen sein muß, daß er ihr Gewicht, das des Badewassers und der badenden Person aushält. Moderne Wannen aus Acryl sind leicht, fühlen sich warm an und sind in verschiedenen Formen erhältlich.

oben *Luxuriös, aber erschwinglich: ein Kerzenhalter mit Glasperlen für alle, die nicht gerne bei elektrischem Licht baden, und ein Stuhl mit einem weichen Handtuch auf der Sitzfläche. Praktisch zum Verstauen: Ausrangierte Metallregale und Behälter für Seifen, Lotions und andere Kosmetika sowie geflochtene Körbe für Schmutzwäsche.*

Beutel

SIE BRAUCHEN

90 cm strapazierfähigen Baumwollstoff (115 cm breit)
Maßband
Stecknadeln
Schere
Nähnadel
Nähseide
Sicherheitsnadeln
Nähmaschine

In einfachen Beuteln aus strapazierfähigem Baumwollstoff kann man vom Nähzeug bis zu Handtüchern die verschiedensten Dinge unterbringen. Der hier beschriebene Schnitt eignet sich sowohl für große Wäschebeutel als auch für kleine Säckchen für das Badezimmer. Wer ganz ordentlich sein will, kann seine Beutel mit wasserfesten Stoffstiften beschriften.

ANLEITUNG

1. Zunächst ein Stück Stoff mit den Maßen 92 x 42 cm zuschneiden. Nahtzugabe von jeweils 1 cm nicht vergessen! Rechts auf rechts zusammenfalten. Eine Längsseite zusammenstecken, heften und bis zu einer Höhe von 36 cm zunähen. 2 cm offen lassen und dann bis zum Ende weiter zunähen.

Bei einem Beutel mit zwei Bändern verfährt mit der anderen Längsseite genauso. Wer sich mit einem einzigen Band begnügt, näht die andere Seite ganz zu.

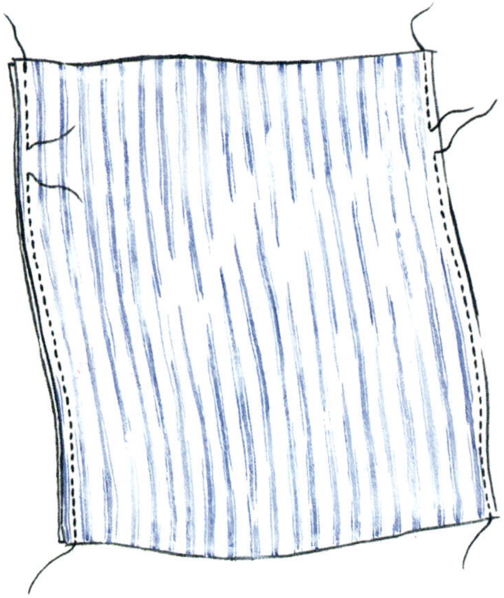

2. Die obere ungesäumte Kante rundherum 1 cm einschlagen und bügeln. Dann noch einmal 5 cm umschlagen, bügeln und beim Zusammenstecken darauf achten, daß die Seitennähte schön übereinanderliegen.

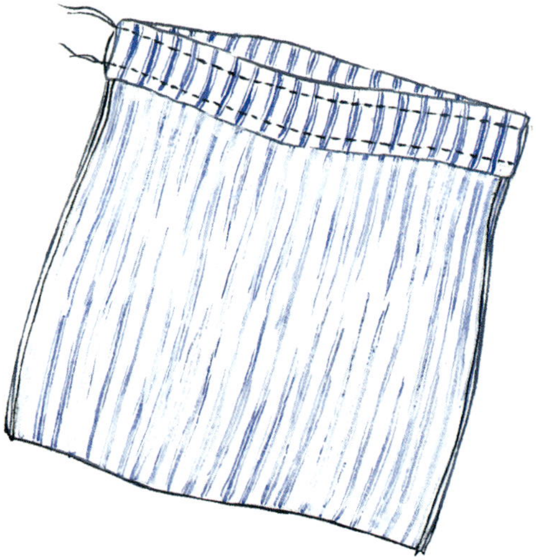

Mit der Nähmaschine den Stoff 1,5 cm von der Oberkante entfernt rundherum absteppen. Danach 3 cm unterhalb dieser Naht noch einmal rundherum absteppen. Jetzt den Beutel wenden und bügeln.

3. Für die Bänder zwei je 3 cm breite und 110 cm lange Streifen zuschneiden. Längs- und Breitseiten 0,5 cm einschlagen und die Streifen der Länge nach links auf links in die Hälfte falten, bügeln, zusammenstecken, heften und knapp absteppen.

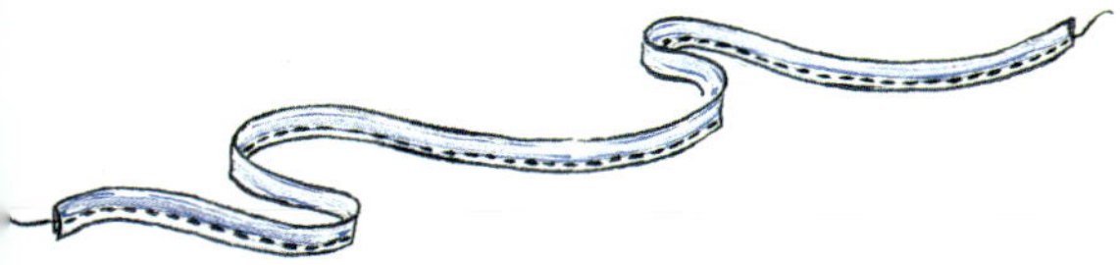

4. Die Bänder mit Hilfe einer Sicherheitsnadel einfädeln, und zwar ein Band in der einen, das andere in der anderen Richtung.

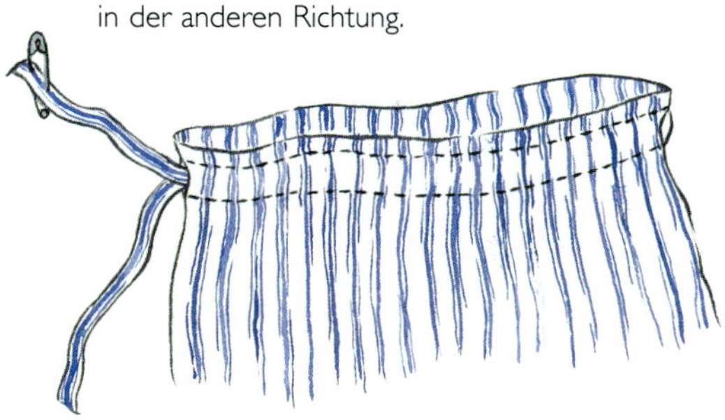

Die Sicherheitsnadeln entfernen, zum Schluß die Enden der Bänder verknoten und den Beutel zuziehen.

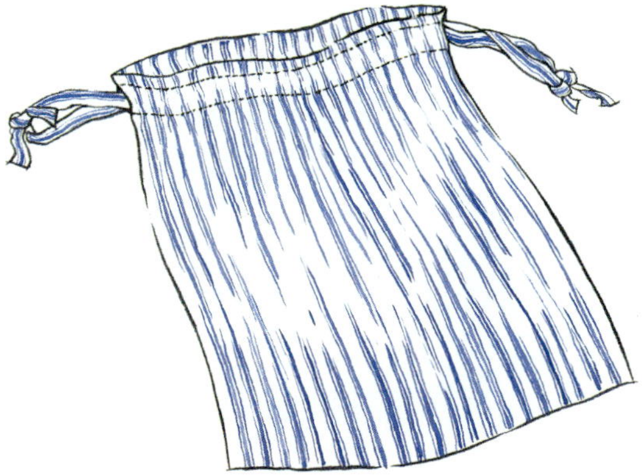

ganz rechts *Der matte eierschalenfarbene Anstrich, die altmodische Badewanne auf einem Podest und die alten Messingarmaturen verleihen diesem Badezimmer ein georgianisches Flair. Moderne Elemente erhalten durch Holzverkleidungen ein nostalgisches Aussehen. Die Holzböden sind matt versiegelt; dicke Badematten saugen verspritztes Wasser auf.*

Emaillierte Stahlwannen sind massiv und halten viel aus; deshalb wurden sie auch in Hotels und Krankenhäusern verwendet. Sie müssen jedoch – wie moderne Acrylwannen auch – verkleidet werden: durch schlichte weiße Fliesen oder Spundpaneele, die man lackiert oder mit Wachs behandelt.

Stoffe und Oberflächen, die man in Bädern einsetzt, sollten strapazierfähig und einfach zu pflegen sein. Ein Badezimmer zu putzen, ist gar nicht

diese Seite *Alte Keramikkrüge, verwitterte geschnitzte Holzregale, schlichte lackierte Hakenleisten und Muschelbilder vermitteln ein Gefühl von Tradition.*

rechts *Ein Badezimmer in hellen und fröhlichen Meerestönen, in dem das tägliche Waschen zu einem Erlebnis wird. Glücklicherweise hat man das alte Keramikwaschbecken, die klassischen Armaturen und den sichtbaren Abfluß nicht verändert.*

Die Auswahl an Wasserhähnen ist oft begrenzt, auch durchschnittliche Armaturen sind sehr teuer. Einige ausgefallene Ideen: **oben** *Ein schlichter Wasserhahn aus rostfreiem Stahl mit einem geschickt versteckten Mechanismus.* **rechts oben** *Messinghähne vom Bauhof.* **rechts** *Viktorianische Wasserhähne, entdeckt bei einem Altwarenhändler.*

so unangenehm, wenn man Wanne, Waschbecken und Dusche gleich nach Gebrauch mit Seifenwasser reinigt und abspült; so kann sich kaum Schmutz ansammeln. Um Oberflächen und Lasuren nicht zu zerkratzen, verwendet man am besten weiche Schwämme oder Stofftücher.

Spül- und Waschbecken, Toiletten und Duschwannen aus Keramik gibt es überall zu günstigen Preisen. Sind Boden und Wände verfliest, kann man sich beim Duschen richtig austoben. Entscheidet man sich für einen Holzboden, muß dieser gut versiegelt werden. Auch Terrakotta oder sogar Linoleum – das so verlegt werden muß, daß kein Wasser unter den Belag dringen kann – kommen in Frage. Von Tep-

diese Seite *Mit farbenfrohen Handtüchern, Bademänteln und Flaschen für Lotions und andere Pflegemittel beleben Sie Ihr Badezimmer.*

ganz rechts *Diese offene Dusche mit ihren kleinen, unterschiedlich blauen Mosaikfliesen erinnert an einen Swimmingpool.*

pichböden rate ich ab, weil diese früher oder später naß werden und dann zu schimmeln beginnen.

Vor dem Installieren einer Dusche sollte man sich über den Wasserdruck informieren; vielleicht braucht man eine Pumpe, die den Druck verstärkt. Ob man sich für eine Handbrause und einen Duschvorhang, für eine Duschkabine oder für einen offenen Duschraum entscheidet, den man nach Herzenslust unter Wasser setzen kann – der Einbau einer Dusche kann eine ganz einfache Angelegenheit sein.

Zum Aufbewahren von Badezimmerutensilien gibt es viele Möglichkeiten. Praktisch sind Einbauschränke, in denen man sogar den Warmwasserboiler unterbringen kann. Wäsche, Bürsten und Schwämme verstaut man in Kisten und Körben, Beutel mit Schwämmen und Waschlappen hängt man auf Hakenleisten aus Holz oder Metall.

Im Freien

Wenn die Temperaturen steigen und die Tage länger werden, kommen einem Sommerbilder in den Sinn: Sand zwischen den Zehen, warme nackte Haut, eisgekühlte Getränke und zerknittertes kühles Leinen. Dann heißt es: Raus in die Natur! Echte Frischluftfanatiker genießen jede Stunde, in der sich zögernd der Frühling ankündigt und nach den langen trüben Wintermonaten wieder die Sonne zu sehen und zu spüren ist. Mit Picknickkörben und Decken brechen sie zu einem ersten Ausflug aufs Land oder ans Meer auf. Wenn die Sonne scheint, fahre ich mit meiner Familie zu einem einsamen Strand an der englischen Südküste; wir ziehen uns entsprechend an und nehmen eine Thermoskanne mit heißer Suppe, geräucherten Lachs sowie Bagels mit Frischkäse mit.

Wenn der Sommer dann wirklich da ist, hat man das Gefühl, daß er nie enden wird, und alle beginnen, sich über die Hitze und Schwüle zu beklagen. Aber welch ein Luxus, im Freien zu essen, wenn die Tage so lang und die Abende mild sind! Schon in einem Straßencafé einen Espresso zu trinken – eine Wohltat für Stadtbewohner, die keinen Garten haben – oder ein Picknick am Wochenende mit Freunden im Park, bei dem es herrlichen Käse, frisches Brot und köstlichen Wein gibt, bringt Entspannung und Lebensfreude.

Unter freiem Himmel zu essen, ist ein sehr sinnliches Vergnügen – ob an einem windigen Strand unter dahinjagenden Wolken oder am Mittelmeer in einer lauen, nach Jasmin duftenden Nacht. Essen scheint sein Aroma erst so richtig zu entfalten, wenn es den Elementen ausgesetzt ist. Engländer sind durch nichts davon abzubringen, mit Thermosflaschen, Decken, Regenmänteln und Bergen von Schinkensandwiches bewaffnet dem unberechenbaren Wetter zu trotzen. Südspanier lassen sich hingegen an glühendheißen Sommernachmittagen irgendwo im Schatten Schinken, Brot, Wein und Paella schmecken.

Die Leidenschaft, draußen zu essen, ist mir geblieben. Ich denke oft an die Picknicks meiner Kindheit, bei denen es sehr formlos zuging. Die Erwachsenen haben sich weder um Besteck gekümmert noch auf strenge Tischmanieren bestanden: Man durfte sich sogar mit einem Sandwich in der Hand hinlümmeln. Wenn ich heute im Sommer ein Picknick vorbereite, gibt es zum Beispiel mit Olivenöl und Knoblauch bestrichene Baguettes, die ich mit Ziegenkäse und Sardellen belege. Dazu schmeckt Bier, schäumender Cava oder trockener Manzanilla-Sherry.

Bei mir zu Hause wird im Sommer das winzige Gärtchen zu einem zusätzlichen Zimmer. Es ist zwar recht schattig, aber es gedeihen immerhin Clematis und Kletterrosen, und ein paar Blumentöpfe mit Kräutern sorgen für Farbtupfer. Kaum lassen es die Temperaturen zu, stellen wir schon den großen Holztisch und unsere grünen Klappstühle auf. Den Tisch decke ich am liebsten mit einem weißen oder blau-weiß karierten Tuch und schmücke ihn mit Sträußchen aus Kapuzinerkresse und Wiesenkerbel. Abends hole ich Kerzen heraus, die ich in Einmachgläser stelle – das gibt ein schönes Licht, und der Wind kann die Kerzen nicht ausblasen.

links *Schilf auf einem Gerüst aus Eisenstangen spendet angenehmen Schatten. Man kann sich selbstverständlich auch anders vor der Sonne schützen: zum Beispiel mit einfarbigen oder gestreiften Segeltuchbahnen, die man wie eine Hängematte über kleine Innenhöfe oder zwischen Bäumen spannt, aber auch mit einem großen Sonnenschirm aus Segeltuch. Solche Sonnenschirme eignen sich natürlich sowohl für den Strand als auch für den Garten.*

oben *Für Mahlzeiten im Freien gibt es eigentlich nur eine einzige Regel: sie sollten ausgezeichnet schmecken und einfach zu essen sein.*

Alte Stühle und Tische

Beinahe jeder alte Stuhl und Tisch kann mit Lack und ein paar schlichten Überzügen verschönert werden. Vom Flohmarkt stammen diese beiden Holzstühle und der Spieltisch, die ich schneeweiß gestrichen habe.

SIE BRAUCHEN

Tisch
Stühle
feines Schmirgelpapier
Stahlwolle
Spiritus
Preßspanplatte
Hammer und Nägel
Grundierfarbe
Lack
Pinsel (2,5 cm breit)
Rollhandtuchstoff aus Baumwolle
Baumwollbänder

ANLEITUNG

1. Vor dem Lackieren die Oberflächen der Möbel mit feinem Schmirgelpapier abreiben. Wenn sie gewachst sind, entfernt man die Wachsschicht mit Spiritus und Stahlwolle. Nie gegen die Maserung arbeiten! Wurden die Möbel schon einmal gestrichen, braucht man sie nur zu waschen und abzuschmirgeln. Blättert die alte Farbe bereits ab, entfernt man sie am besten.

2. Für einen alten Tisch mit Filzbelag ließ ich mir eine Preßspanplatte in der entsprechenden Größe zuschneiden und annageln.

3. Tisch und Stühle grundieren und zweimal streichen. Vor jedem Durchgang mit feinem Sandpapier abschmirgeln, damit alle Oberflächen ganz glatt werden.

4. Mit Rollhandtüchern aus Baumwolle, die extrem strapazierfähig und in der entsprechenden Breite erhältlich sind, kann man im Handumdrehen einfache lose Überzüge nähen. Die jeweilige Stoffbahn sollte so lange sein, daß vorne und hinten je 15 cm überstehen. Den Stoff oben und unten etwa 2,5 cm ausfransen; dort, wo Sitzfläche und Lehne zusammenstoßen, links und rechts je zwei etwa 15 cm lange Bänder annähen. Den Überzug über den Stuhl legen und festbinden.

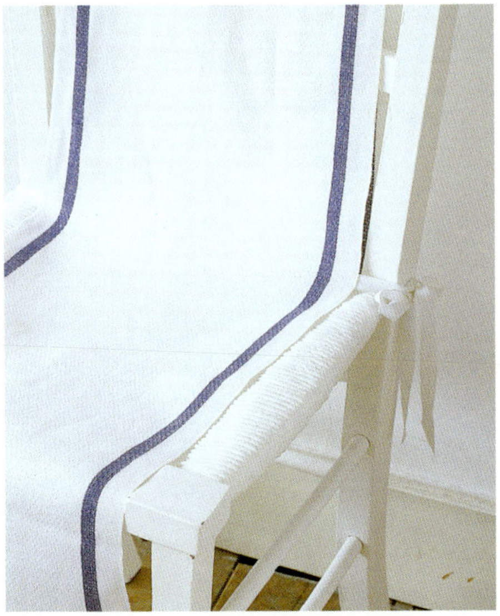

rechts *Strapazierfähig, leicht zu transportieren und schön: Klapptische und -stühle aus Holz. Dazu passen sehr gut Stoffbahnen aus Baumwolle als Tischtücher, bequeme Kissen, sonnengelbe Plastikbecher und aus Olivenzweigen geflochtene Körbe. Kleine Sträußchen aus frisch gepflückten Kräutern als Tischschmuck verbreiten eine fröhliche Sommerstimmung.*

Wenn ein guter Fischhändler in der Nähe ist, gibt es gegrillten Lachs, Sardinen oder mit Petersilie, Zitrone und Knoblauch gefüllte Makrelen. Als Dessert bereite ich mit einer kleinen elektrischen Eismaschine Erdbeer- oder Himbeereis zu, das ich mit ganzen Beeren und Keksen serviere.

Was die Ausrüstung für Picknicks betrifft, war das Angebot noch nie so vielfältig wie heute. Kaufhäuser führen günstiges Plastikgeschirr in leuchtenden Farben. Praktisch und robust sind die neuen Thermosflaschen aus rostfreiem Stahl. Zum Sitzen empfehlen sich Klappstühle aus Holz, die man im Winter leicht irgendwo verstauen kann. Wenn man sich keinen teuren Gartentisch leisten kann, tut es auch eine alte Tür auf zwei Böcken mit einem schönen frischen Tischtuch.

Hersteller und Händler

(alphabetisch nach Städten)

Deutschland

Kröll & Nill
Annastraße 19
86150 Augsburg
Stoffe, Tapeten, Sitzmöbel

NAK
Vogeltorplatz 1
86153 Augsburg
Fabrikreste und günstige Stoffe

Sigmund Bauer
Home Collection
Marktstraße 33
83646 Bad Tölz

Seidlein & Seidlein GmbH
Bleibtreustraße 49
10623 Berlin
Stoffe – Planung – Möbel

Tessuti
Stadtbahnbogen 580
10623 Berlin
Italienische Stoffe

Lammfromm & Vogel
Mansfelder Straße 37
10709 Berlin
Außergewöhnliche
und modische Stoffe

Lammfromm & Vogel
Hohenzollerndamm 12
10717 Berlin
Außergewöhnliche
und modische Stoffe

Laura Ashley (im KadeWe)
Tauentzienstraße 21-24
10789 Berlin

KadeWe
Tauentzienstraße 21-24
10789 Berlin
Große Auswahl an Stoffen,
Dekostoffen etc.

Lammfromm & Vogel
Bayreuther Straße 36
10789 Berlin
Außergewöhnliche
und modische Stoffe

Markt am Maybachufer
12047 Berlin
Freitags am Vormittag
Preiswerte Stoffe

**Alterna –
Kontor für antike Öfen**
Am Rosenanger 81
13465 Berlin

Bajon Berlin's Garten Center
Charlotte Bajon GmbH
Spandauer Damm 252-268
14052 Berlin
Schöne Auswahl an handgefertigter
Terrakotta-Ware und Gartenmöbel

Laura Ashley
Niedernstraße 14
33602 Bielefeld

**Forum – Die Raumgestalter
Keiter & Niggemeyer GmbH**
Einrichtungshaus Niermann
Nordring 47
44787 Bochum

Carl Knauber GmbH & Co
Endenicher Straße 120-140
53115 Bonn
Terrakotta jeglicher Art –
handgefertigt

IKEA
Hansestraße 27
38112 Braunschweig

Ademmer Wohntextil
Lindenweg 11
59929 Brilon

IKEA
Im Neefpark 5
09117 Chemnitz

Wim Gelhard
Schliepstraße 12
44135 Dortmund
Möbel bekannter und
(noch) unbekannter Designer

Tischzeit
Anna Demes-Vortmeyer
Rosa-Luxemburg-Straße 11
44141 Dortmund

Fritz Hansen Deutschland
63303 Dreieich-Sprendlingen
Skandinavische Designer-Möbel

Magazin
Grüne Straße 16
01067 Dresden
Vom Bauhausklassiker
bis zu Messeneuheiten;
designorientierter
Einrichtungsbedarf

Habitat Deutschland GmbH
Schadow Arkaden
Berliner Allee 15
40212 Düsseldorf
Möbel und Accessoires
im Landhausstil

Laura Ashley GmbH
Hunsrücker Straße 43
40213 Düsseldorf

La Terra
Ackerstraße 204
40235Düsseldorf
Modische und exotische
Accessoires

interform Design
Gärtner GmbH
Egbertstraße 65
40489 Düsseldorf
Im Versand: Ausgezeichnetes
Design, zum Schenken und
Behalten

IKEA
Altendorfer Straße 2
45127 Essen

Absolut Ffm
Berliner Straße 56-58
60311 Frankfurt/Main

Laura Ashley
Goethestraße 3
60313 Frankfurt/Main

Kottenhahn
Zeilweg 5
60439 Frankfurt/Main
Theaterstoffe

IKEA
Auerstraße 4
(Industriegebiet Nord)
79108 Freiburg

IKEA
Hans-Vogel-Straße 113
90765 Fürth

Fuchs & Co
Burgfriedenstraße 23
86316 Friedberg b. Augsburg
Stoffe in allen Breiten

IKEA
Nordpark 17
06254 Günthersdorf (Saalepark)
Halle/Leipzig

Häkli Einrichtungshaus
Glockengießerwall 15
20095 Hamburg
Skandinavische Möbel

Prinz & Möller
Milchstraße 10
20148 Hamburg
Alte Stoffe und Bordüren

House and Garden
Mittelweg 117a
20149 Hamburg
Wunderbare Deko-Accessoires,
Mobiliar im Landhausstil

Low Budget
Eppendorfer Baum 20
20249 Hamburg
Glas und Porzellan in schlichten
Formen zu bezahlbaren Preisen

Souterrain
Eppendorfer Landstraße 45
20249 Hamburg
Posamenten

Nessel spezial
Lehmweg 52
20251 Hamburg
Nessel-, Leinen- und
Hanfstoffe: unglaublich
vielfältig zu verarbeiten

Clic
Neuer Wall 69
20354 Hamburg
Möbel in Holz und anderen
Naturmaterialien

Laura Ashley
Neuer Wall 39
20354 Hamburg

Holger Reiche
Bartelsstraße 7-11
20357 Hamburg
Fensterdekorationen

John Gudewer & Sohn
Gartenmarkt
Sülldorfer Landstraße 268
22589 Hamburg
Handgefertigte Terrakotta
und mehr

CONRAN Shop
Stilwerk
Große Elbstraße 68
22767 Hamburg

Laura Ashley
Georgstraße 36
30159 Hannover

Schlager Wohnideen
Pfarrstraße 14
94051 Hauzenberg

IKEA
Heinrich-Hertz-Straße 25
Industriepark
34123 Kassel

Stephan Kirchner
25980 Keitum/Sylt
Gartenmöbel und -zubehör

Absolut Köln
Apostelnstraße 24-26
50667 Köln
Accessoires bekannter Hersteller

Habitat
Neumarkt/Ecke Richmodstraße
50667 Köln

Laura Ashley
Hohe Straße 160-168
50667 Köln

Dobb's Ferry
Benesisstraße 31
50672 Köln
Heimtextilien und Accessoires
im „Good Old Style" der
Neuengland-Staaten

Form 2000 Einrichtungsstudio
Mittelstraße 20
50672 Köln

Magazin
Luxemburger Straße 48-58 und 61
50674 Köln
Ausgefallenes Einrichtungshaus

Fetten in Deutz
Deutzer Freiheit 88
50679 Köln
Alles für die Küche

Nippeser Markt
Wilhelmplatz
50733 Köln
Montag bis Samstag
Von 9.00 – 13.00 Uhr
Nesselstoffe in allen Breiten
und Qualitäten und viele andere
preisgünstige Stoffe

Dinger's Garten-Center Köln
Gunter Dinger
Goldammerweg 361
50829 Köln

G. Benkert
Erbrechtshausen-Schafhof
97486 Königsberg
Einrichtungen für
Gärten und Parks

Vankann Innendekoration
Rheinstraße 60
47799 Krefeld

Wohntextil Horst Vortisch
Untere Schrangenstraße 15
21335 Lüneburg

Ambiente Raum und Design
Hauptstraße 110
68239 Mannheim (Seckenheim)

Schöpf GmbH Raumdesign
Kaiserstraße 149
41061 Mönchengladbach

Raumdecoration
Mischkowski GmbH
Pfefferstraße 17
47441 Moers

Böhmler
Tal 12
80331 München

Laura Ashley
Sendlinger Straße 37
80331 München

Seiden Reinhardt
Frauenplatz 14
80331 München
Seidenstoffe

Designers Guild
Sendlinger-Tor-Platz 6
80336 München

Thimian
Müllerstraße 3
80469 München
Stoffe, Porzellan und andere
Accessoires im Landhausstil, aber
auch Designklassiker und neues,
avantgardistisches Möbeldesign

design funktion
Schleißheimer Straße 141
80797 München
Moderne Stoffe

Landpartie
Kurfürstenstraße 12
80799 München
Möbel und Accessoires
im Landhausstil

Gartencenter Münsterland
Handorfer Straße 105
48157 Münster

Wiessmanns Textiles Wohnen
Große Marktstraße 34
63067 Offenbach

Schwitters Einrichtungen
& Wohntextilien
Im Herbartgang 19
26122 Oldenburg

Meisner, Heim & Gardine
Bratfischwinkel 8
94032 Passau

Einrichtungshaus Paulin
Schwarze Bärenstraße 8
93047 Regensburg

IKEA
Schulstraße 110-114
28816 Stuhr (bei Bremen)

Living
Eichstraße 19
70173 Stuttgart
Basics für Küche Bad und Büro

Magazin
Lautenschlägerstraße 16
70173 Stuttgart

Markthalle
Mea und Benzing
Dorotheenstraße 4
70173 Stuttgart

Abbastanza
Goldgasse 2
65183 Wiesbaden
Möbel und Accessoires
bekannter Hersteller

Müller & Kühns Stilbruch
Seerobenstraße 32
Am Zietenring 5
65195 Wiesbaden

Ambiente
Ruhrstraße 42-44
58452 Witten

Sara Johannsen Einrichtung
Schloßplatz 3
66482 Zweibrücken

Österreich

154
Werdenbergerstraße 2-4
A-6700 Bludenz

Gebrüder Thonet
Frauengasse 3
A-8010 Graz
Neben dem Stuhlklassiker
auch Stoffe, Tapeten,
Sofas und Sessel

IKEA
Einrichtungshaus Graz
Shopping Center West
Weblinger Gürtel 25
A-8054 Graz
Möbel, Stoffe, Bettwäsche,
Geschirr, Lampen

IKEA
Einrichtungshaus Haid
Fachmarkt Center Haid
Ikeaplatz 1
A-4053 Haid
Möbel, Stoffe, Bettwäsche,
Geschirr, Lampen

Haidacher–
Werkstätte für Schönes Wohnen
A-6370 Kitzbühel

Herbert Walch
Handwerk im Trend
A-6764 Lech

Peter Schandl Decor
Dametzstraße 53
A-4020 Linz

Karl Weber –
Werkstätte für Schönes Wohnen
Ignaz-Harrer-Straße 20
A-5020 Salzburg

Kowarsch & Sohn GmbH
Elisabethstraße 17
A-5020 Salzburg

Wohndesign Peter Sandriesser
Hauptplatz 11
Passage Ankershofengasse
A-9500 Villach

Dorotheum – Shopping City Süd
Top 266
A-2334 Vösendorf
Antiquitäten, Porzellan, Möbel, Bilder
Versteigerungen, freier Verkauf

IKEA
Einrichtungshaus Vösendorf
Shopping City Süd
A-2334 Vösendorf
Möbel, Stoffe, Bettwäsche,
Geschirr, Lampen

Ikera
Marktstraße 13
A-2334 Vösendorf
Badezimmerkeramik
und -möbel, Fliesen

Wohndesign Mark Franz
Innsbruckerstraße 8
A-6112 Wattens

Beck, Koller & Co
Walfischgasse 15
A-1010 Wien
Farben, Lacke, Malzubehör

Ehrenfreund
Naglergasse 26
A-1010 Wien
Farben, Lacke, Malzubehör

Frech & Co
Himmelspfortgasse 20
A-1010 Wien
Stoffe, Tapeten, Sessel, Sofas

Gans
Brandstätte 1
A-1010 Wien
Bettwäsche, Decken, Kissen,
Handtücher, Bademäntel, Tischtücher

Laufen
Opernring 10
A-1010 Wien
Badezimmerkeramik
und -möbel, Fliesen

Ostovies
Stephansplatz 9
A-1010 Wien
Geschirr, Designware, Gläser, Bestecke

Rasper und Söhne
Am Graben
A-1010 Wien
Porzellan, Gläser, Vasen, Bestecke

Rasper und Söhne
Habsburgergasse 1a
A-1010 Wien
Porzellan, Gläser, Vasen, Bestecke

Rasper und Söhne
Habsburgergasse 10
A-1010 Wien
Porzellan, Gläser, Vasen, Bestecke

Silesia
Vorlaufstraße 3
A-1010 Wien
Stoffe und Nähzubehör

Thonet Vienna
Kohlmarkt 6
A-1014 Wien
Der Stuhlklassiker

Dorotheum
Taborstraße 27
A-1020 Wien
Antiquitäten, Porzellan, Möbel, Bilder
Versteigerungen, freier Verkauf

Dorotheum
Landstraßer Hauptstraße 67
A-1030 Wien
Antiquitäten, Porzellan, Möbel, Bilder
Versteigerungen, freier Verkauf

Rasper und Söhne
Landstraßer Hauptstraße 97-99
A-1030 Wien
Porzellan, Gläser, Vasen, Bestecke

Somnifer
Franzensgasse 25
A-1050 Wien
Bettgestelle, Lattenroste,
Matratzen, Kissen

Slama
Mariahilfer Straße 71
A-1061 Wien
Porzellan, Gläser, Vasen, Bestecke

Dorotheum
Mariahilfer Straße 88a
A-1070 Wien
Antiquitäten, Porzellan, Möbel, Bilder
Versteigerungen, freier Verkauf

Gans
Mariahilfer Straße 56
A-1070 Wien
Bettwäsche, Decken, Kissen,
Handtücher, Bademäntel, Tischtücher

Komolka
Mariahilfer Straße 58
A-1070 Wien
Stoffe und Nähzubehör

Ostovies
Zieglergasse 74
A-1070 Wien
Geschirr, Designware, Gläser,
Bestecke

Dorotheum
Alser Straße 41
A-1080 Wien
Antiquitäten, Porzellan, Möbel, Bilder
Versteigerungen, freier Verkauf

Beck, Koller & Co
Neilreichgasse 105
A-1100 Wien
Farben, Lacke, Malzubehör

Dorotheum
Wielandgasse 6-8
A-1100 Wien
Antiquitäten, Porzellan, Möbel, Bilder
Versteigerungen, freier Verkauf

Komolka
Laxenburger Straße 73
A-1100 Wien
Stoffe und Nähzubehör

Dorotheum
Meidlinger Hauptstraße 65
A-1120 Wien
Antiquitäten, Porzellan, Möbel, Bilder
Versteigerungen, freier Verkauf

Dorotheum
Hietzinger Hauptstraße 3
A-1130 Wien
Antiquitäten, Porzellan, Möbel, Bilder
Versteigerungen, freier Verkauf

Gans
Hietzinger Hauptstraße 20
A-1130 Wien
Bettwäsche, Decken, Kissen,
Handtücher, Bademäntel, Tischtücher

Gans
Ameisgasse 65
A-1140 Wien
Bettwäsche, Decken, Kissen,
Handtücher, Bademäntel, Tischtücher

Dorotheum
Thaliastraße 11
A-1160 Wien
Antiquitäten, Porzellan, Möbel, Bilder
Versteigerungen, freier Verkauf

O. Kubelka
Thaliastraße 49

A-1160 Wien
Farben, Lacke, Malzubehör

Dorotheum
Währinger Straße 134
A-1180 Wien
Antiquitäten, Porzellan, Möbel, Bilder
Versteigerungen, freier Verkauf

Gans
Währinger Straße 118
A-1180 Wien
Bettwäsche, Decken, Kissen,
Handtücher, Bademäntel, Tischtücher

Ikera
Muthgasse 20a
A-1190 Wien
Badezimmerkeramik
und -möbel, Fliesen

Rasper und Söhne
Grinzinger Allee 25
A-1190 Wien
Porzellan, Gläser, Vasen, Bestecke

Dorotheum
Wallensteinstraße 57
A-1200 Wien
Antiquitäten, Porzellan, Möbel, Bilder
Versteigerungen, freier Verkauf

Komolka
Jägerstraße 35
A-1200 Wien
Stoffe und Nähzubehör

Dorotheum
Wagramerstraße
Donauzentrum
Top 116
A-1220 Wien
Antiquitäten, Porzellan, Möbel, Bilder
Versteigerungen, freier Verkauf

**Karl Weber –
Werkstätte für Schönes Wohnen**
Anton-WallnerStraße 13
A-5700 Zell am See

Schweiz

S + P Innenarchitektur
Steiger und Partner
Grenzacherstrasse 97
CH-4058 Basel

Wohnkaleidoskop Urs Hess
Gerechtigkeitsgasse 35
CH-3011 Bern

Stiva Sturmir
Promenade
CH-7018 Flims-Waldhaus

Hänni Innendekorationen
CH-3800 Interlaken

Punto Casa
Alte Landstrasse 160/
Ecke Oberwachstrasse
CH-8700 Küsnacht/ZH

Eberhard Interieur
Bielstrasse 158
CH-4500 Solothurn

Hänni Innendekorationen
CH-3700 Spiez

Artiana AG
Nüschelerstrasse 31
CH-8001 Zürich

Liechtenstein

Thöny Wohnen
Bahnhofstraße 16
LIE-9494 Schaan

Danksagung der Autorin

Besonders danken möchte ich **Jacqui Small**, **Anne Ryland**, **David Peters**, **Sian Parkhouse**, **Sophie Pearse**, **Penny Stock**, **Janet Cato** und allen Mitarbeitern von **Ryland Peters & Small**, die für das Buch ihr Bestes gegeben haben.

Auch **Henry Bourne**, dessen Fotografien den Geist des Buches so gut eingefangen haben, bin ich zu Dank verpflichtet.

Die freigestellten Fotografien wären ohne **Nick Pope** nicht das geworden, was sie sind.

Eigens danken möchte ich auch meiner Assistentin **Fiona Craig-McFeely**, die mir bei der Arbeit an diesem Buch unschätzbare Dienste geleistet hat.

Für die Nähanleitungen danke ich **Tessa Brown**, für die Illustrationen **Jacqueline Pestell**.

Zu Dank verpflichtet bin ich auch allen, die uns erlaubt haben, ihre Wohnungen zu fotografieren: **Shiraz Maneksha**, **Ilse Crawford**, **James Lynch** und **Sian Tucker**, **John** und **Catherine Pawson** (Pawson House, London), **Marie Kalt**, **John** und **Claudia Brown**, **Peri Wolfman** und **Charles Gold** (Wolfman Gold & Good Co.), **Tricia Foley**, **Ellen O'Neill**, **Mary Emmerling**, **Gary Wright** und **Sheila Teague**.

Keinen Augenblick mit meinem Projekt allein gelassen hat mich meine Familie. Ohne die Geduld meines Mannes **Alastair** und unserer Kinder **Tom**, **Georgia** und **Grace** und das Verständnis meiner Eltern wäre das Buch nicht zustande gekommen.

Register